EVALUACIÓN
INSTITUCIONAL
BASADA EN LOS
SISTEMAS SUAVES

EVALUACIÓN INSTITUCIONAL BASADA EN LOS SISTEMAS SUAVES

·····················

Cardoso, E. O., Cerecedo, M. T. y Ramos, J.R.

Para realizar pedidos de este libro, contacte con:
Palibrio LLC
1663 Liberty Drive
Suite 200
Bloomington, IN 47403
Gratis desde EE. UU. al 877.407.5847
Gratis desde México al 01.800.288.2243
Gratis desde España al 900.866.949
Desde otro país al +1.812.671.9757
Fax: 01.812.355.1576
ventas@palibrio.com
451103

EVALUACIÓN INSTITUCIONAL BASADA EN LOS SISTEMAS SUAVES

Edgar Oliver Cardoso Espinosa

Doctor en Ciencias Administrativas. Profesor-Investigador de la Escuela Superior de Comercio y Administración (ESCA), Unidad Santo Tomás, del Instituto Politécnico Nacional (IPN). Pertenece al Sistema Nacional de Investigadores (SNI con la distinción Nivel I) del CONACyT. Director de tesis a nivel maestría y doctorado. Publicaciones a nivel nacional e internacional. Correo: eoce@hotmail.com

María Trinidad Cerecedo Mercado

Doctora en Ciencias Administrativas. Profesora-Investigadora de la Escuela Superior de Comercio y Administración (ESCA), Unidad Santo Tomás, del Instituto Politécnico Nacional (IPN). Pertenece al Sistema Nacional de Investigadores (SNI con la distinción Nivel I) del CONACyT. Directora de tesis a nivel maestría y doctorado. Publicaciones a nivel nacional e internacional. Correo: tricermer@yahoo.com

José Roberto Ramos Mendoza

Doctor en Ciencias Administrativas. Profesor-Investigador de la Escuela Superior de Comercio y Administración (ESCA), Unidad Santo Tomás, del Instituto Politécnico Nacional (IPN). Pertenece al Sistema Nacional de Investigadores (SNI con la distinción Candidato) del CONACyT. Director de tesis a nivel maestría y doctorado. Publicaciones a nivel nacional e internacional. Correo: dr.ramos.ipn@hotmail.com

ÍNDICE

INTRODUCCIÓN

A partir de la globalización económica que se ha desarrollado a nivel mundial, se han generado una serie de cambios relevantes en los diversos países. Así, en México originó nuevas condiciones no sólo para su economía, sino también en los otros sectores como el educativo. De esta manera, para la primera se le requirió una transformación en su estructura productiva en forma competitiva, un incremento de su productividad, una ampliación del avance tecnológico, así como una eficiencia en cada una de las fases del proceso productivo a fin de optimizar los recursos escasos y así, aprovechar sus ventajas comparativas.

Mientras que para la segunda, se estableció como el insumo fundamental cuya función fuera la formación de recursos humanos competentes que pudieran generar nuevos conocimientos y así ser capaces de producir un valor agregado al aparato económico del país. Esta fue la razón principal por el que las políticas públicas mexicanas se orientaron al diseño e implementación de estrategias relacionadas con la planeación y evaluación de los programas académicos del sistema educativo.

Es así que a nivel nacional, la planeación empezó a tener un lugar importante con el surgimiento de los Planes Nacionales de Desarrollo, los cuales han tenido una duración de seis años y contienen los objetivos, metas, estrategias y líneas de acción del Gobierno Federal.

Posteriormente, para controlar los logros y realizar la asignación correspondiente de los recursos financieros a las instituciones de educación superior (IES), se inició otro período (1988 - 1994) en el que la evaluación fue el mecanismo que permitió valorar el desempeño tanto de los programas académicos como de las escuelas que los ofrecen, a través de instancias gubernamentales como el Consejo Nacional de Ciencia y Tecnología (CONACyT).

Para completar este ciclo de aseguramiento de la calidad de los programas educativos, se estableció su acreditación en el período de 1995 – 1998, la cual tuvo como propósito, el identificar, informar y asegurar a la sociedad cuáles programas eran de calidad y cuáles no, con base en determinados estándares y parámetros.

De esta forma, en la actualidad, el mundo globalizado demanda que las IES dejen de ser sistemas cerrados para convertirse en abiertos y consideren las necesidades sociales del sector laboral, tanto productivo como de servicios, en donde se generan diversos procesos en donde intervienen los individuos en la toma de decisiones tanto a nivel personal como institucional. En este sentido, la metodología de los sistemas suaves (SSM) se orienta a cualificar y describir el objeto de estudio en situaciones con un alto índice de intervención humana con la finalidad básica de evaluarlo con una visión de transformación y con un fundamento holístico.

Además, esta metodología propone la aplicación de una nemotecnia denominada CATWOE, en la cual se visualizan todos los sistemas intervinientes, con el fin de identificar los problemas más destacados y cuya transformación es necesaria, todo ello representado mediante sistemas gráficos, cuyas imágenes ofrecen una visión más amplia de las relaciones existentes entre los sistemas y los subsistemas que en esta subyacen.

Por tanto, los SSM constituyen una alternativa que permite analizar los componentes más relevantes que conforman a un programa educativo, obteniendo información tanto de orden cualitativo y cuantitativo para diseñar propuestas que no sólo permitan optimizar los recursos de las IES, sino además proporcionar cambios necesarios y factibles que les permitan posicionarse como de calidad no sólo a nivel nacional sino internacional.

CAPÍTULO 1

LA CALIDAD DE PROGRAMAS EDUCATIVOS

1.1. Caracterización del término calidad

Los niveles de desarrollo y crecimiento de una nación, están sustentados en gran medida por la calidad de su educación. Sin educación de calidad, un país no podrá progresar de manera sustantiva y sostenida. Así, la educación es reconocida como palanca de desarrollo, como factor de innovación, como ventaja estratégica para la producción y como medio insustituible para asegurar la identidad nacional (Kent, 2002).

La preocupación por la calidad, eficiencia, productividad y competitividad que existen hoy en día en todos los ámbitos, son el resultado de un proceso de globalización presente en todos los aspectos. Es a partir de la segunda mitad del siglo XX que se han estado buscando soluciones al problema de la calidad educativa en todos los niveles de educación en los países latinoamericanos, lo cual ha conducido a que se hayan generado una gran cantidad de cambios en los programas y sistemas de educación buscando obtener mejores resultados a través de diversas metodologías de evaluación (Vega, 2005).

En este sentido, es necesario conceptualizar lo que se entiende por calidad y por calidad educativa y su relación con la evaluación de programas educativos. Puede decirse que "la calidad de algo es la síntesis de sus atributos, sus rasgos, sus elementos y sus expresiones más características, todos ellos juzgados a la luz de una escala que distingue lo positivo de lo negativo mediante diferentes juicios de valor" (Gago, 2005).

Mientras que Cantú (2001) comenta que la calidad en general abarca todas las cualidades con las que cuenta un producto o un servicio, cuando sus características, tangibles e intangibles satisfacen las necesidades del usuario. Dicho término fue utilizado básicamente en el rubro de la economía y el área industrial, pero debido a la globalización y a la competitividad se presenta con mayor frecuencia en el ámbito empresarial lo que ha generado una serie de estándares internacionales de calidad a partir de los cuales se compara el desarrollo y funcionamiento de las organizaciones.

Por su parte, Cardoso (2006) establece que calidad hace referencia a algo especial; además, comenta que existe calidad en la medida en que un producto o un servicio se ajusta a las exigencias del cliente, por lo que la dimensión más importante de este término es su funcionalidad.

Así, este autor distingue tres variantes del concepto de calidad: a) La noción tradicional del término de calidad implica distinción, elitismo y en gran medida un concepto inaccesible para la mayoría. Según este concepto no puede ser juzgada ni medida y es contrastada mediante un conjunto de criterios previamente establecidos; b) De acuerdo con la concepción tradicional la calidad como excelencia significa la superación de altos estándares. Ésta involucra tanto a los insumos como a los productos (resultados). "Un programa que atrae a los mejores estudiantes, los mejores profesores, los mejores recursos físicos y tecnológicos, por sí mismo es de calidad, es excelente y producirá graduados de alta calidad" (Arredondo, 2002:18) y, c) La calidad como satisfacción de un conjunto de requisitos se identifica generalmente, con la de los productos que superan el llamado "control de calidad".

Los contrastes se basan en criterios alcanzables destinados a rechazar los productos defectuosos como resultado del control científico de la calidad, pues supone la conformación de una estrategia de acuerdo con unos estándares, la cual implica que la calidad del producto o servicio mejora conforme se elevan los estándares. Esta última manera de concebir la calidad presupone que los estándares son objetivos y estáticos, sin embargo pueden ser sujetos a nuevas negociaciones de acuerdo a los cambios en las circunstancias. También implica que existen cualidades comunes susceptibles de ser medidas, analizadas y evaluadas de acuerdo con grado de desempeño.

Por tanto, la calidad posee múltiples dimensiones, visiones e interpretaciones, por lo que se trata de determinar o buscar aquella que más se adapte a las condiciones de la realidad de nuestro país, sin olvidar que este término está relacionado con la pertinencia y el impacto, ya que no se puede concebir una IES con sus programas que imparte siendo de calidad y que no sean pertinentes con su entorno social y económico.

De esta manera, la calidad se encuentra formada por tres aspectos: El primero, como la síntesis de las propiedades que constituyen a un objeto, bien o servicio, como aquello que lo caracteriza y que lo hace ser lo que es; el segundo, se refiere al grado en que se acercan las cualidades que posee dicho objeto con las que se consideren óptimas y que han sido aceptadas por los participantes y, el tercero, la satisfacción del bien o servicio conforme a las necesidades del sector productivo y de servicios.

Por tanto, la calidad es considerada como excelencia, significando la superación de altos estándares en lo que respecta tanto a los insumos como a los productos (resultados). De este modo, esta manera de concebir la calidad hace hincapié en los niveles de entrada y salida del objeto, bien o servicio, los cuales constituyen una medida absoluta de la calidad y la noción de centros de excelencia se apoya en esta concepción, la cual tiene su fundamento en la teoría general de sistemas.

1.2. Caracterización de la calidad educativa

Con base en lo anterior, la calidad educativa se entiende como la síntesis de atributos que posee una institución o programa educativo. Así, Marques (2008) establece que la calidad educativa está determinada por la capacidad que tienen las instituciones para preparar al individuo, de tal manera que pueda adaptarse y contribuir al crecimiento, desarrollo económico y social mediante su incorporación al mercado laboral, por lo que la calidad se valora en función del progreso y de la modernidad del país.

Es así que para que un país se desempeñe satisfactoriamente en un mundo globalizado requiere estar preparado, y para ello, la calidad en la educación juega un rol determinante. Así, calidad educativa significa excelencia; por lo que este término puede referirse a "las características de un currículum, de una biblioteca, del profesorado, de los aprendizajes logrados por los alumnos, del número de escuelas, del costo de la oportunidad, de los criterios para certificar, de la forma de incorporarse al mundo extraescolar, entre otros" (Gago, 2005).

Por consiguiente, la importancia de que un programa educativo sea de calidad es porque éste es considerado como "la cúspide de los sistemas educativos y la sociedad que lo ha creado espera la realización de las funciones más complejas, como la generación misma del conocimiento, como la formación de creadores, de pensadores, de profesionales, investigadores y de líderes para el desarrollo social, económico y político (Kent, 2002).

Esta concepción sobre la calidad que existe actualmente en las IES, tanto en el ámbito mundial como local, es el resultado de cambios internos y externos que las han afectado, fundamentalmente en los últimos treinta o cuarenta años del siglo pasado (Águila, 2005). Así, este concepto ha cambiado de contenido de una época a otra, por lo que no es estable ni duradero.

De esta manera, en los comienzos de la década de los sesentas del siglo pasado, existía una visión tradicional y estática de la calidad educativa, la cual presuponía la calidad de la enseñanza y el aprendizaje como constitutivos del sistema, se basaba ante todo en la tradición de la institución, en la exclusividad de profesores, alumnos y en los recursos materiales. Se daba por sentado que más años de escolaridad tenían necesariamente como consecuencia la formación de ciudadanos mejor preparados y productivos.

Por consiguiente, el sistema educativo se concebía como una "caja negra", en la cual lo que sucedía en su interior no era objeto de análisis ni por el Estado ni por la sociedad. De ahí, que la IES era la única guardiana, poseedora y transmisora de los conocimientos y la sociedad asumía que eso era bueno.

Al desarrollarse el fenómeno de la globalización en la educación y sobre todo en el nivel superior, surge o se acrecienta una serie de situaciones derivadas de la misma, tales como (Águila, 2005):

- La masificación de los ingresos y mantenimiento de los mismos métodos y recursos materiales y humanos, insuficientes en las actuales condiciones, por lo que exige un cambio radical en la concepción de la IES, como un objeto sin vinculación con su entorno social y económico.

- La proliferación incontrolada de IES sobre todo privadas, provocando una competencia, lo cual conduce a ser competitivas y demostrar su calidad a través de la acreditación.
- La desconfianza mostrada por la sociedad y el Estado sobre la pertinencia de las IES y sus programas educativos, lo cual trae como consecuencia la necesidad de establecer un nuevo sistema de relaciones de la IES con la sociedad, basado en la rendición de cuentas.
- La disminución o desaparición gradual del financiamiento federal y estatal hacia las IES, sobre todo públicas.

De este modo, ya no basta con que la IES sea el lugar donde se acumula el conocimiento universal, sino que ahora lo que la sociedad le exige es que ese conocimiento sea aplicado a su entorno, que sea pertinente y que provoque un impacto.

De ahí que la calidad que alcance un programa educativo y por ende la IES que lo ofrezca es un factor determinante en la calidad de vida de las comunidades en que se circunscriba. "La buena o la excelente calidad de los programas educativos es, por tanto, un imperativo insoslayable. Si los fundamentos lógicos y éticos de este imperativo no fueran suficientes, también podrían esgrimirse razones económicas y políticas: la educación superior y con ella el posgrado requieren las mayores inversiones; su infraestructura física y tecnológica es la más compleja y costosa; sus impactos en la producción de bienes y servicios son determinantes para la independencia o la falta de ésta en términos económicos (Schugurensky, 2002)."

Así, la calidad educativa significa estar atentos a los problemas de la demanda; es decir, conocer y comprender las necesidades y exigencias de la sociedad en la cual el programa o institución se encuentra inmerso. Por tanto, es indispensable para un programa que busque elevar la calidad de los servicios que presta a la sociedad, a través del conocimiento de lo que ésta requiere, ya que es la única manera de que sus servicios sean completamente aceptados por lo que es relevante una evaluación de los programas considerando diversos criterios y parámetros.

También, es necesario mencionar que los principales responsables de la calidad en los programas educativos son sus autoridades, tanto unipersonales como colegiadas. En este aspecto, tiene que hacerse énfasis en el papel de los académicos, que son los que investigan y propician el aprendizaje, ya que ellos son los principales agentes de la calidad de un programa debido a que son el enlace cotidiano, directo y tangible entre éste, la IES y la sociedad.

Por tanto, "la calidad ejemplar de los docentes en sus quehaceres, es el fundamento y estándar de la calidad del proceso educativo, sea en la docencia o en la investigación" (García, 1997). Esto significa que lo que ocurre en el aula, el laboratorio, el taller, la biblioteca, centro de cómputo, es primordialmente responsabilidad de los académicos.

Pero además, García (1997) comenta que "el rendimiento de cuentas efectivo de un programa educativo (no la formalización burocrática) debe ocurrir cotidianamente en los ámbitos de la docencia y la investigación." Por eso tiene relevancia valorar el aprendizaje que logran los alumnos y los resultados de la investigación; por eso es necesario identificar a los protagonistas de cada función educativa y a los interlocutores de cada ámbito, para asignarles explícitamente sus responsabilidades y establecer los niveles deseables en su desempeño.

Con base en lo anterior, se tiene que para la educación superior se ha convenido que la unidad a evaluar para valorar la calidad educativa de una IES sea el programa porque es el objeto unitario de evaluación más operativo, conveniente y práctico (Gago, 2005). De esta forma, las características de un programa es un punto intermedio que permite agregarse para evaluar entidades mayores como una escuela, una universidad, el subsistema tecnológico, el subsistema público, el área médico-asistencial, entre otros, y también facilita la desagregación para evaluar entidades más específicas como alumno, profesor, investigador, laboratorio, biblioteca, currículum y otros.

Por consiguiente, el concepto de calidad de un programa educativo está asociado a tres aspectos básicos: insumos o recursos, procesos formativos y productos o resultados, a partir de los cuales establecen una serie de indicadores, destacando para el primero, el perfil académico de los docentes, la infraestructura de apoyo y equipamiento; mientras que para el segundo, se enfocan al modelo educativo, curricular y de enseñanza y, el tercero, a la eficacia y relevancia del programa con el entorno económico, social y cultural.

Por su parte, Gago (2005) propone también una relación de componentes susceptibles de ser utilizados para evaluar a un programa educativo. Estos componentes son:

1) Los sujetos y los objetos que serán evaluados.
2) Los criterios, indicadores y unidades de medida que se emplearán para hacer la evaluación de cada elemento.
3) Los instrumentos, los procedimientos y las personas u organismos que realizarán la evaluación.
4) Los estándares o parámetros que permitirán calificar y establecer el nivel de calidad de cada sujeto u objeto dentro del programa educativo.

De este modo, para la evaluación de los componentes de un programa educativo en insumos, procesos y resultados, es relevante considerar otros elementos relevantes para los insumos como son la gestión realizada por los dirigentes, autoridades y administrativos, así como al conjunto de leyes, normas y reglamentos. Para los procesos, el desarrollo de proyectos de investigación y la organización académica de los profesores para su contratación, promoción y permanencia, aunado a la designación de las autoridades y el establecimiento de las reglas de operación en la infraestructura de apoyo y equipamiento. En tanto, en los resultados incluye la cobertura, registro de patentes, obras publicadas y servicios proporcionados.

Pero además, estos elementos incluyen a los sujetos y objetos de evaluación más relevantes y más estrechamente asociados a un programa educativo. A cada uno de éstos, es necesario hacerles una serie de interrogantes tales como ¿son idóneos?, ¿se desempeñan satisfactoriamente?, ¿son suficientes?, ¿son necesarios y adecuados? Estas preguntas y otras se realizan con base en los ejes o categorías de calidad que más adelante se detallan y explican. Así, es necesario evaluar a un programa con transparencia y objetividad para determinar si es de calidad o no, a partir de criterios y estándares previamente establecidos que puedan expresarse en los términos numéricos de un indicador (figura 1).

Así, la figura 1 permite identificar cuáles son los insumos (*inputs*), los procesos y los resultados (*outputs*) que son comunes a un programa educativo.

Figura 1
Entrada, Procesos y Salida de un programa educativo

Contexto Sociocultural y Económico de un programa educativo

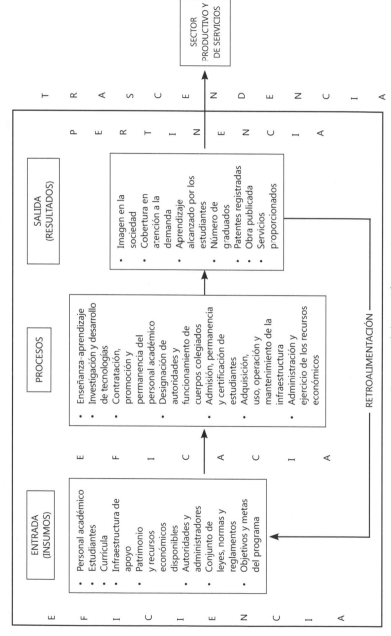

Fuente: Elaboración propia

Por su parte, Schugurensky (2002) considera que la calidad educativa de un programa se compone de:

- Sistema (procesos e insumos): Planes, programas, asignaturas, servicios, e infraestructura de que disponen las instituciones educativas para sus alumnos.
- Resultado: Formación integral que satisfaga ampliamente los requerimientos y expectativas, tanto de un sector empresarial como de la sociedad en su conjunto.
- Beneficio: Forma de vida, dependiente de la educación recibida, donde coexisten los valores, conocimientos y habilidades, y prevalece la cooperación sobre la competencia, lo cual se traduce en la eficiencia y eficacia con que un egresado se desempeña en el mercado de trabajo.

Al mismo tiempo, menciona la existencia de diversos factores que influyen en la calidad educativa:

- Formación y actualización docente.
- Contenido.
- Planes y programas.
- Desarrollo de material de apoyo didáctico.
- Métodos y procedimientos operativos y administrativos.
- Calidad humana del personal docente y administrativo

No obstante, también comenta las deficiencias que se han detectado en los programas educativos impartidos por las IES y que son:

- Desactualización de los planes de estudios.
- Descontextualización de los programas académicos.
- Bajo nivel de profesorado, muchas veces improvisado.
- Falta de programas de formación y actualización docente.
- Deficientes sistemas de evaluación.
- Eficiencia terminal mínima.

De esta manera, se tiene que la calidad no es un concepto estático, ya que su definición varía de acuerdo al enfoque que cada uno de los involucrados le quiera dar en un momento determinado. En este sentido, la calidad educativa de un programa puede ser vista desde tres dimensiones (Marques, 2008):

1) Un programa educativo será considerado de calidad si logra sus metas y los objetivos previstos.
2) Un programa educativo será de calidad si incluye contenidos valiosos y útiles, que respondan a los requerimientos necesarios para formar de manera integral al alumno, para preparar profesionistas excelentes, acordes con las necesidades sociales, que los provean de herramientas valiosas para la integración del individuo en forma completa a la sociedad.
3) Un programa de calidad será aquel que cuente con los recursos necesarios y sobre todo que los emplee de manera eficiente, es decir, una buena planta física, laboratorios, programas de capacitación docente, así como un buen sistema académico y administrativo, incluyendo apropiadas técnicas de enseñanza y con un equipo suficiente.

En este sentido, si lo que se pretende medir es la calidad educativa de una IES, el programa es el elemento central, por lo que es necesario establecer ejes o criterios bajos los cuales sea posible valorar la calidad del programa. En este aspecto, existe un contexto caracterizado no sólo por la diversidad de organismos evaluadores, sino también por la proliferación de criterios con varios indicadores y estándares.

1.3. Los criterios asociados a la calidad educativa

Como lo menciona Águila (2005): Casi ningún sistema o modelo de evaluación externa ha salido de las IES, sino de entidades gubernamentales que por lo general están alejadas de las universidades, y que introducen conceptos y criterios poco académicos o importados sin la debida adecuación y también criterios que responden a otros intereses no favorables a las IES. No obstante, es posible diseñar y organizar categorías que permitan evaluar los aspectos esenciales de un programa para determinar si es de calidad o no (Gago, 2005).

De este modo, los criterios generales que se pueden utilizar para medir la calidad de un programa son: 1) La eficacia y eficiencia; 2) La pertinencia y, 3) La trascendencia y equidad (Figura 2).

Con base en estos criterios, es posible construir indicadores, estándares y parámetros que permitan identificar, comparar y calificar las características y atributos de un programa de educación superior.

Figura 2
Criterios generales o ejes básicos para medir la
calidad de un programa educativo

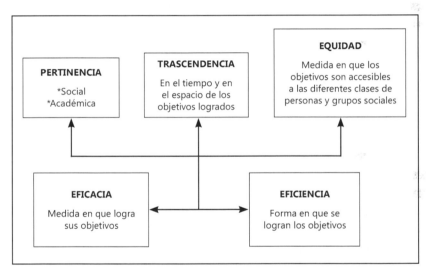

Fuente: Elaboración propia

1. La eficacia y la eficiencia

Estas son las categorías de análisis más elementales y más frecuentemente empleadas y hacen referencia a que el programa alcance sus objetivos y cumpla con sus fines y, además, que lo haga obteniendo el máximo provecho de los recursos disponibles. La medida en que esto se logre será la medida de la eficacia y la eficiencia de un programa (Gago, 2005).

De ahí que por eficacia se entienda como la medida en que un programa logra sus objetivos y alcanza sus metas; mientras que por eficiencia se asocia necesariamente a las condiciones y los recursos disponibles con que se busca ser eficaz. De este modo, se es eficiente en la medida que se aprovechan los recursos disponibles (tiempo, talento, dinero). Así, la eficiencia es la resultante de una relación entre los objetivos alcanzados y las condiciones en que se trabaja.

Para medir la eficacia de un programa se requiere que haya propósitos, objetivos y metas previamente establecidas, en tanto que para medir la eficiencia es indispensable conocer y utilizar toda la clase de recursos disponibles que puede emplear el programa.

De este modo, los indicadores relacionados con estos dos criterios tienen que ver con la medida en que se logran las metas y las circunstancias en que esto ocurre. Dichos indicadores suelen expresarse en términos relativos o proporcionales. Algunos ejemplos que pueden usarse son:

- La proporción de alumnos en el programa que concluye satisfactoriamente los estudios.
- La relación entre los objetivos de aprendizaje que contiene el currículo y los efectivamente alcanzados por cada alumno.
- El tiempo promedio que demanda concluir el programa.
- La eficiencia terminal.
- La proporción entre investigadores y proyectos vigentes.
- La tasa de artículos, libros o reportes por investigador o por proyecto.

Cabe mencionar, que los indicadores asociados a la eficacia y la eficiencia son frecuentemente utilizados para decidir la concesión de financiamientos o para la acreditación del programa.

No obstante, "dejar el juicio de la calidad de un programa de educación superior solamente a merced de los resultados obtenidos a la luz de la eficacia y la eficiencia sería una decisión muy pobre, sobre todo si se trata de responder a los imperativos del mejoramiento en cuestiones trascendentes" (Gago, 2005). En este aspecto, a lo que se refiere el autor es que es necesario considerar otros elementos relacionados con las expectativas de la sociedad y del ámbito laboral en cuanto a la formación de personas calificadas y a la generación de proyectos científicos y tecnológicos que posibiliten un desarrollo del sector productivo y de servicios así como a nivel nacional.

2. La pertinencia

Este criterio tiene que ver con la satisfacción de las expectativas y necesidades sociales por parte del programa. En este sentido, la pertinencia de un programa debe realizarse considerando el entorno social, cultural y económico en el que se desenvuelve así como los requerimientos que la sociedad ha establecido para su funcionamiento.

Tal y como lo menciona Águila (2005) que "el grado de pertinencia social de un programa o institución se mide por el impacto social que genera, por el flujo de repercusiones y de transformaciones de sentido que se producen objetivamente en la sociedad de su entorno, como efecto del cúmulo de aportes que realiza dicho programa."

Es así que para que un programa educativo sea pertinente tiene que conciliar los requerimientos tanto internos como externos, lo que implica atender circunstancias de carácter económico, cultural, político, científico, tecnológico, etc.

Otro elemento importante relacionado con este criterio es la pertinencia académica y se refiere a la vigencia de las teorías, a la veracidad de los conocimientos y los hechos, a la certidumbre de los principios, la legitimidad de los valores, la factibilidad de las estrategias y los métodos, que son objeto de aprendizaje o de investigación en cada programa (Gago, 2005).

3. La trascendencia y la equidad

Un programa trascendente es el que produce habilidades útiles para toda la vida; el que forma personas capaces de generar su propio aprendizaje; el que genera aptitud para extrapolar y transferir soluciones de un caso a otro.

Así, "la eficacia y la eficiencia se potencializan cuando los objetivos de aprendizaje apuntan hacia el desarrollo de la creatividad, del pensamiento crítico y del análisis riguroso de la ciencia y hacia la formación de actitudes de independencia y búsqueda de originalidad en los estudiantes" (Gago, 2005).

En relación al criterio de equidad, los atributos de un programa de educación superior han de diferenciarse entre los que corresponden al área económico-social y los que corresponden al ámbito pedagógico. Con base en esto, se asume que un programa será equitativo en la medida que ofrezca opciones distintas para las distintas circunstancias de los usuarios.

De esta forma, el programa será más accesible a quienes tengan restricciones económicas, de tiempo, de horario, de lugar de residencia, etc., pero al mismo tiempo debe estar acompañado de una diversidad de opciones en lo que hace a las modalidades para cursar y acreditar las materias, los horarios, los planteles, los servicios e instalaciones disponibles para personas con incapacidades, la realización de los trámites y otras gestiones. De lo que se trata es de ofrecer una gama amplia de opciones y oportunidades para educarse, pero para que la oportunidad sea genuina se requiere que el programa educativo sea de buena calidad (Gago, 2005).

En ese sentido, los responsables de los programas educativos tienen un doble desafío: por una parte lograr el reconocimiento de validez oficial y, por la otra, hacerse acreedores de la credibilidad que otorgan otras instancias en las cuales participan organizaciones académicas, gremiales, colegios de profesionistas, empresas, etc.

De ahí que los procesos de evaluación y acreditación de programas educativos se realizan mediante una red de organismos y programas especializados entre los que destacan el CONACyT, la ANUIES, la FIMPES, el CENEVAL, los nueve Comités de Pares (CIEES), entre otros. Se trata de un conjunto de instancias gubernamentales, interinstitucionales e intersectoriales que han construido un gran sistema de marcos de referencia, criterios, indicadores, estándares, instrumentos de medición, estímulos y estrategias de promoción que tienen como propósito fundamental el contribuir a mejorar la calidad de las funciones docentes y de investigación y por ende, del programa educativo en cuestión.

Por tanto, se tiene que la calidad de los programas educativos y las formas de evaluarlos conforman "un inmenso océano de criterios, enfoques metodológicos, interpretaciones ideológicas, convicciones personales, principios institucionales, obligaciones gubernamentales, expectativas de la sociedad y otros fenómenos más" (Gago, 2005).

Por su parte, Cardoso (2006) establece otros elementos relevantes que un programa educativo se recomienda que considere para que sea de calidad, sobre todo en el nivel superior y que son llamados perspectivas (figura 3).

Figura 3
Perspectivas de un programa educativo

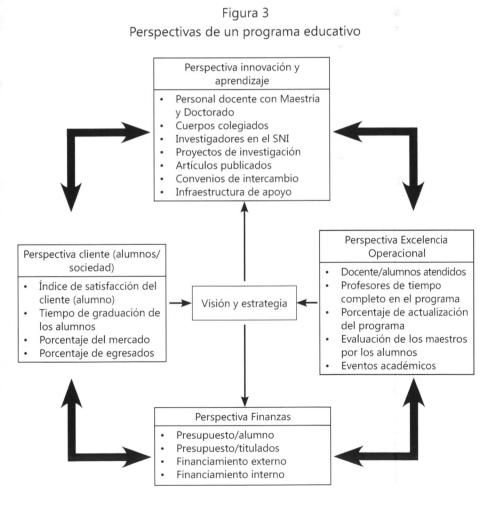

Fuente: Elaboración propia

A partir de la figura 3, un programa educativo para que sea considerado de calidad tiene que tomar en cuenta cuatro perspectivas, las cuales poseen cada una de ellas indicadores que permite valorar el funcionamiento del mismo. Dichas perspectiva son:

1) Innovación y aprendizaje: Proporciona el soporte principal que permite alcanzar los objetivos del programa y son los impulsores necesarios para lograr resultados excelentes o de calidad. Por tanto, el programa tiene que desarrollar tanto las capacidades de los empleados, las capacidades de los sistemas de información, el uso correcto y eficiente de la infraestructura de apoyo y la delegación del poder en cuerpos colegiados. Los indicadores a emplear son el número de maestros y doctores de la planta académica, número de investigadores en el Sistema Nacional de Investigadores (SNI), número de proyectos de investigación, número de artículos publicados y número de convenios de intercambio con otros posgrados tanto a nivel nacional como internacional, los cuales pretenden fortalecer la calidad del programa, así como consolidar y fomentar el intercambio académico de los docentes con el fin de proveer a los alumnos de una formación integral.

2) Cliente: Está relacionada con cuatro categorías y que son tiempo, calidad, desempeño y servicio, las cuales permiten satisfacer y agradar a los clientes que en este caso son los alumnos. Pero además, un elemento importante en este perspectiva, son las propuestas de valor añadido a los alumnos, las cuales representan los atributos que el programa suministra a través de su servicio, y con ello, crear una imagen, fidelidad y satisfacción a los segmentos de alumnos a los que va dirigido. Los indicadores propuestos son el tiempo de graduación, porcentaje de alumnos graduados y el porcentaje del mercado que tiene el programa, en función del total de alumnos por periodo; dichos indicadores buscan lograr y mantener la satisfacción del cliente y apoyar el desarrollo del país con la formación de recursos humanos altamente preparados con calidad.

3) Excelencia Operacional: Tiene que ver con los procesos internos del programa y establecer medidas y estrategias

sobre qué debe hacer dicho programa para cumplir con las expectativas de los alumnos. En este sentido, la información sobre el sector y el tipo de alumnos a los que va dirigido el programa son los insumos más importantes para los procesos de diseño y desarrollo de las actividades educativas. Los indicadores a utilizar son: Docentes con maestría y doctorado por alumno, número de profesores de tiempo completo, actualización del programa, evaluación de los maestros por los alumnos y el número de eventos académicos realizados, los cuales buscan fortalecer la calidad del programa y fomentar permanentemente la formación integral de los alumnos.

4) Finanzas: Su función principal es la utilización apropiada y correcta de los recursos monetarios con los que cuenta el programa con la finalidad de distribuirlos de la mejor manera posible, así como por la búsqueda tanto de financiamientos internos como externos. De este modo, los indicadores a utilizar son el presupuesto por alumno y graduado, que miden la eficiencia con que son utilizados los recursos asignados al programa.

Por consiguiente, un programa educativo es considerado como de buena calidad si cubre las siguientes condiciones:

- Establece un currículo adecuado a las circunstancias de la vida de los estudiantes (pertinencia) y a las necesidades de la sociedad (relevancia).
- Logra que la más alta proporción de destinatarios acceda a la institución, permanezca en ella hasta el final del trayecto y egrese alcanzando los objetivos de aprendizaje establecidos en los tiempos previstos para ello (eficacia).
- Consigue que los aprendizajes sean asimilados en forma duradera y se traduzcan en comportamientos sustentados que permitan interrelacionar los contenidos con las necesidades y requerimientos de la sociedad, así como del propio individuo (impacto).
- Cuenta con recursos humanos y materiales suficientes, y los usa de la mejor manera posible, evitando derroches y gastos innecesarios (eficiencia).

- Tiene en cuenta la desigual situación de estudiantes por lo que ofrece apoyos especiales a quienes lo requieren, para que los objetivos educativos sean alcanzados por el mayor número posible de alumnos (equidad).

CAPÍTULO 2

EVALUACIÓN DE PROGRAMAS EDUCATIVOS

Una de las consecuencias de la globalización económica es el diseño e implementación de la acreditación de los programas educativos que ofrece un país desde el nivel básico hasta el superior. Así, se ha constituido como estrategia central de las políticas públicas internacionales y nacionales, el realizar la evaluación educativa como un mecanismo para sistematizar información que permita identificar y comprender los fenómenos de este tipo con base en criterios determinados para poder determinar su pertinencia y tomar decisiones con base en ello.

En este sentido, la evaluación posibilita la obtención y recopilación de información que puede mejorar la calidad no sólo de la enseñanza ni del funcionamiento de los centros escolares sino inclusive para todo el sistema educativo de los países, a partir de la discriminación de los diversos factores que intervienen en ello para fundamentar la modificación o instrumentación de las políticas, las estrategias y las acciones respectivas.

Así, la primera definición de evaluación la realizó Tyler en 1942 como un proceso que tiene por finalidad valorar en qué medida se han conseguido los objetivos previstos como efecto de la enseñanza. Actualmente, los expertos consideran superada esta definición.

Por consiguiente, el presente capítulo se enfoca sobre descripción lo qué es evaluar, así como de las implicaciones que tiene este tópico en el fenómeno educativo en general y en los programas educativos en forma específica.

2.1. Importancia de la evaluación: Definición y características

El ser humano toma decisiones continua y constantemente y para hacerlo discrimina -intuitiva o racionalmente- entre las opciones que natural o artificialmente se presentan. La diferenciación entre una y otra(s) se basa en el valor que cada una de esas opciones adquiere respecto a la necesidad que se desea satisfacer y además, en el grado de satisfacción que ofrecen en lo individual.

Así, la palabra castellana *evaluar* (del vocablo francés *évaluer*) la que permite dar cuenta del proceso de diferenciación y asignación de valores que ayuda a una toma de decisión en forma óptima. La acción de dar valor a una cosa o hecho es el objetivo de la evaluación y consiste en un conjunto diverso de prácticas, métodos y conocimientos que han sido desarrollados paulatinamente para mejorar la forma de evaluar y los efectos de hacerlo. La evaluación ha servido para hacer selecciones sociales y establecer medidas de control y calidad que permiten jerarquizar acciones humanas futuras.

Para poder asignar un valor, la evaluación está íntimamente relacionada con conceptos tales como medir y calificar; sin embargo la evaluación es un concepto mucho más amplio y complejo que involucra y supera a los dos señalados. El término calificación se refiere exclusivamente a una expresión numérica, o a un adjetivo que resulta como asignación de valor para un hecho, asunto o conducta; calificar es juzgar las características, cualidades o logros de lo que se evalúa y requiere de parámetros o escalas predefinidas con las que pueda asignarse el valor (Cabrera, 1999).

En este sentido, la medición tiende a tratar de cuantificar los atributos presentes en un objeto o en un individuo a fin de hacer más objetivas las calificaciones (o juicios de valor) que se otorgan por lo que tiene como reto ofrecer datos confiables, susceptibles de interpretación.

De la misma manera, el valor oscila en función de polaridades positivas y negativas, de jerarquías superiores e inferiores; y de la cantidad de matices que se producen entre los extremos de cada escala, por lo que la propia escala de valuación depende del lugar, nivel o grado que el valuador asigne conforme a sus expectativas y posibilidades, así como de las consideraciones contextuales en que ocurre el objeto evaluado.

Por lo tanto, para hacer una medición se requiere de la definición de una escala y de la construcción de un(os) instrumento(s) con los que pueda darse cuenta de aquello que se desea medir y que sea, en tal caso, ser susceptible de generalizarse en un contexto similar.

Es así que el proceso de evaluar permite generar no sólo conocimiento con el que pueden clasificarse y calificarse los distintos hechos o circunstancias, a fin de acreditarlos, certificarlos, o compararlos sino también estrategias metodológicas que optimicen el funcionamiento del objeto. Es por esto que a partir de este término es posible obtener diagnósticos e informaciones holísticas que posibilitan predecir situaciones o tendencias para decidir acciones futuras.

Con base en Postik y De Ketele (1992) emitir un juicio de valor no es el fin último de la evaluación; evaluar tiene por sentido emitir un juicio de valor para proveer de recursos a una decisión fundamentada. Implica entender los objetivos de la evaluación realizada, el grado de cumplimiento de lo evaluado, la forma en que han sido alcanzados y el significado que tienen en su contexto (Casanova, 2002).

De esta forma, Cabrera (1999) define que la evaluación educativa es un proceso sistemático para apoyar un juicio de valor sobre el diseño, ejecución y resultados para tomar decisiones pertinentes, promover el conocimiento y comprensión de las razones del éxito o el fracaso, por lo que considera que no es un proceso improvisado sino sistémico y útil. Además, es un proceso asociado a todas las fases de la actividad educativa y al ser comprensivo de las variables relacionadas con los resultados, se vuelve un instrumento básico para el mejoramiento de la calidad, sin olvidar que se trata de un proceso paulatino que focaliza sólo algunos elementos de una pequeña realidad educativa.

De ahí que la evaluación según Cardoso (2006) sea un proceso permanente que permite mejorar la calidad del objeto evaluado en cuanto a sus avances y logros, identificando obstáculos y diseñando acciones de mejoramiento [lo cual debe entenderse como las decisiones tomadas], pero además es sistemática, puesto que para llevarla a cabo se requiere de una serie de etapas ordenadas lógicamente e interrelacionadas entre sí.

En tanto que De Miguel y De la Herrán (2013) la conceptualizan como un proceso ligado a la formación, desde el momento inicial de la planeación, hasta la comprobación de sus resultados. Tiene como objetivo detectar aquellos elementos que funcionan correctamente y cuáles no, con la finalidad última de garantizar la calidad global del proceso. Por tanto, se ha pasado de una evaluación centrada en los productos a una evaluación centrada en los procesos.

Cabe mencionar, que la evaluación no pretende realizar generalizaciones, sino que busca la información de un fenómeno particular para su valoración para así llevar a cabo una toma de decisiones; aunque suele servir como punto de referencia para iniciar procesos de investigación que no tienen necesariamente una aplicación inmediata y que pueden obtener conclusiones generalizables a varios casos. De ahí que se diga que un proceso investigativo busca una verdad científica sin la intención de estimar un valor particular a su hallazgo (Casanova, 2002).

Tras la definición de un problema, la evaluación no se plantea una hipótesis para proceder a la planeación ni al diseño de técnicas e instrumentos; sólo valora el objeto evaluado en función de lo descubierto como error, desviación o área de oportunidad para hacer recomendaciones a quién debe tomar las decisiones de mejora.

Como se mencionó anteriormente, la evaluación educativa se ha convertido en un tema que ocupa no sólo a los profesores, investigadores e instituciones sino también a la sociedad en general, tal y como lo menciona Casanova (2002) que menciona la relevancia de mantener una evaluación permanente de los resultados que se logran en el sistema educativo para dar cuenta a la sociedad de la adecuada utilización de los recursos utilizados en él.

Inicialmente se atribuyó el concepto evaluación educativa al proceso que ocurre en el aula, que era una atribución exclusiva del profesor sobre el estudiante y estaba relacionado únicamente con los resultados obtenidos en un examen o prueba.

La evaluación atribuida exclusivamente a los aprendizajes obtenidos por los alumnos no ofrece valoraciones en torno a cómo mejorar la práctica docente, ni a la influencia que tiene el entorno como contexto, o al funcionamiento de las escuelas. "Es imprescindible evaluar el sistema educativo con detenimiento tanto sus resultados como sus procesos para poder tomar las medidas oportunas y mejorar cualitativamente su funcionamiento y sus resultados (Casanova, 2002).

Es así que la evaluación tiene un componente ético indiscutible pues debe servir para reforzar, orientar o mejorar los procesos educativos en función del beneficio que reporte para los usuarios, pero también tiene un componente técnico que la ha llevado a convertirse en un proceso sistemático con reglas para identificar de la manera más objetiva posible diversas situaciones, recoger datos confiables y analizarlos a fin de encontrar su valor y, entonces, poder llegar a una toma de decisiones.

A manera de ejemplo, la evaluación puede ser utilizada para diferentes ámbitos que se mencionan a continuación:

- Competencias de los estudiantes como son sus destrezas, habilidades y actitudes para el aprendizaje;
- Eficiencia de los recursos didácticos (características, propiedades y uso) sobre el aprovechamiento de los contenidos curriculares;
- Competencias docentes adquiridas y empleadas para el proceso de enseñanza;
- Evaluación de los propios procesos de evaluación;
- Organización y funcionamiento de centros escolares, unidades administrativas, o sistemas educativos; o
- Resultados de los planes y programas educativos

Es así que la evaluación tiende hacia la mejora de los procedimientos y se trata de un mecanismo de comprensión y no de control; aspira a establecer mecanismos de realimentación y entrelazamiento de información que proponen, básicamente, la autoevaluación como una forma de aprendizaje institucional.

De este modo, es relevante que las instituciones involucren a los actores de los procesos educativos y a los de los procedimientos de planeación y seguimiento, a fin de identificar aquellos procesos y recursos utilizados para la construcción de los indicadores que, a su vez, posibiliten la valoración de los resultados de un proceso educativo.

Desde el punto de vista de Pérez (2000) los cuatro componentes fundamentales de la evaluación son:

a) Contenidos a evaluar: Relevantes para la identificación de los procesos educativos.

b) Información a recopilar: Diseño sistemático del acopio y la organización de información (fuentes, técnicas e instrumentos) que dé cuenta de ella pero no rebase los objetivos de la evaluación.

c) Valoración de la información: Los criterios de exactitud, precisión, claridad, variedad de las unidades de información; así como las referencias -normativas (baremo), de criterio, personalizadas o idiosincrásicas-.

d) Finalidad: la formativa o mejora que se pretende de la actividad, programa o centro educativo, y que debiera ser cíclica, institucional, integral, integrada e integradora.

2.2. Visión de la evaluación de programas educativos

Desde hace unos años existe en el panorama internacional un renovado interés por atender las necesidades educativas de los alumnos, mediante el denominado proceso evaluativo de programas educativos. No obstante, aún a la fecha se siguen modelos de evaluación curricular, que si bien fueron la estrategia central en los años 70's, ahora, son insuficientes, por lo que se requiere utilizar paradigmas alternativos en cuanto a la evaluación se refiere, ya que en el mundo moderno existen nuevas tendencias, modelos y teorías que proporcionan el conocimiento necesario para realizar valoraciones de programas con un énfasis más cualitativo y cuantitativo basado en una perspectiva holística, los cuales proporcionan una visión integral para la emisión de juicios de valor, así como posibilitan una mejor toma decisiones para la reestructuración de los procesos educativos (Martínez, 2006).

Como una parte de la evaluación que realizan las instituciones educativas, son susceptibles de evaluación los programas educativos. Regularmente se utiliza la palabra programa para referirse a actividades de diverso tipo, presentándolo como una enumeración de hechos donde quedan definidos los responsables de tales actividades, así como la ubicación y temporalidad de ellos.

Sin embargo, Pérez (2006) menciona que un programa es un documento técnico elaborado por personal especializado, en el que se deja constancia tanto de sus objetivos cuanto de las actuaciones puestas a su servicio. Responde, pues a las notas de todo plan de acción: planteamiento de metas, previsión, planificación, selección y disponibilidad de metas, previsión, planificación, selección y disponibilidad de medios, aplicación sistemática, sistema de control y evaluación del mismo.

Al integrar objetivos educativos, contar con una estructura interna (componentes directivos y subordinados) y utilizar un diseño para su operación, el programa es un plan de acción, una actuación planificada, organizada y sistemática al servicio de metas educativas valiosas (Pérez, 2000).

Este mismo autor señala que en el diseño de los programas educativos se recomienda considerar los siguientes elementos para su evaluación:

- Metas y objetivos educativos que definen las características de los destinatarios en su contexto.
- Destinatarios, agentes, actividades, estrategias, procesos, funciones y responsabilidades del personal, tiempos y niveles de logro.
- Medios y recursos educativos suficientes, adecuados y eficaces para el logro de metas y objetivos.
- Sistema de evaluación para poner en relieve alguna insuficiencia, detectar carencias y sus causas.

Así, la evaluación de programas es un proceso sistemático, diseñado intencional y técnicamente, de recogida de información rigurosa (valiosa, válida y fiable) orientada a valorar la calidad y los logros de un programa, como base para la posterior toma de decisiones de mejora tanto del programa como del personal implicado y, de modo indirecto, del cuerpo social en que se encuentra inmerso (Pérez, 2000: 272).

De tal forma que al aplicar modalidades diversificadas en cuanto a la evaluación de programas, ello dará pauta para identificar las necesidades de un mundo globalizado y que día a día exige mayor preparación de los profesionales, identificando las características individuales del alumno y detectar sus puntos débiles para poder corregirlos de modo tal que sean capaces de enfrentar una sociedad basada en el conocimiento. Por tanto, la evaluación de programas educativos se relaciona con un conjunto de destrezas y habilidades orientadas a determinar si los servicios prestados son necesarios, si se utilizan, si son suficientes, si se dan en los términos planificados, si ayudan dentro de un costo razonable o si incluso, provocan efectos no deseados (Mateo, 2000).

Así, existe una congruencia entre los cuatro componentes de la evaluación en general propuestos por Pérez (2000) y la evaluación de programas ya que:

- Aunque el contenido de una evaluación de programa sea el mismo, los logros y resultados dependen del modelo de evaluación que se seleccione y del alcance de la evaluación.
- La confiabilidad y validez de la información depende del rigor metodológico para su selección, así como de las fuentes de información, los instrumentos construidos y las técnicas de recolección de datos.
- La valoración de la información debe tener claridad sobre el contexto del programa que se evalúa, tanto del proyecto del que forma parte como del centro educativo en que se imparte; para lograr la coherencia, sintonía y armonía entre ellos.
- La finalidad de evaluar un programa es la mejora de éste sin descuidar que en sí mismo el programa se considera un elemento educativo de mejora específica a una situación dada, por ello hay que aclarar que la evaluación de un programa debe hacer objeto de evaluación el proceso de implantación e implementación del programa.

Por tanto, las finalidades de la evaluación de los programas educativos son:

a) Establecer el seguimiento del programa para determinar si es eficaz o no, para así estar en posibilidades de introducir las modificaciones correspondientes en cuanto a su diseño;

b) Identificar los problemas que se generan durante el desarrollo del mismo;

c) Discriminar los efectos diferenciales en diversos sectores o niveles educativos;

d) Determinar la relevancia y la validez de los principios, objetivos educativos, metodología y actividades del programa;

e) Verificar el cumplimiento de los objetivos en el ámbito para el cual fueron creados y,

f) Tomar decisiones adecuadas en cuanto al diseño, implementación y resultados obtenidos del programa con base en la información obtenida.

Por consiguiente, al considerarse al programa como un objeto de evaluación dentro de las organizaciones educativas, el cual cuenta con un sistema de gestión tanto académica como administrativa, es necesario contextualizarlo con base en su orientación y características contextuales, por lo que se requiere de metodologías innovadoras que se centren en dichos elementos para así estar en condiciones de emitir juicios de valor basados en los criterios mencionados en el primer capítulo.

2.3. Modelos de evaluación

Con base en Stufflebeam y Shinkfield (2002) a continuación se describen, en términos globales, los modelos de evaluación utilizados para medir y calificar asuntos educativos y que de entrada son divididos en dos tipos: los clásicos y los alternativos. Esta clasificación depende del sentido y alcance que se le da al proceso evaluativo; en ella se identifican nueve modelos generales distribuidos de la siguiente forma:

Tabla 1.
Clasificación de los modelos de evaluación

Tipo de modelo	Denominación del modelo	Autores
Clásicos Centrados en los procedimientos y en los objetivos alcanzados	1. Evaluación de objetivos	Ralph Tyler
	2. Ampliación del de objetivos	Mettessel y Michael
	3. Científico de evaluación	Edward Schuman
	4. Planificación evaluativa	Lee J. Cronbach
	5. CIPP Para el perfeccionamiento	Daniel Stufflebeam
Alternativos Recuperan el contexto para la valoración	6. Centrado en el cliente	Robert Stake
	7. Contrapuesto	Owens y Wolf
	8. Formativa y sumativa	Michael Scriven
	9. Iluminativo	Parllett y Hamilton

Fuente: Elaboración propia

2.3.1. Modelos clásicos de evaluación

Para medir eficazmente el logro alcanzado por los estudiantes respecto a los objetivos de enseñanza, se han desarrollado cinco modelos de evaluación que se centran y se diseñan sobre los objetivos propuestos por el programa educativo.

1. El *Modelo de Evaluación de Objetivos* tiene como representante a Ralph Tyler, quien durante la década de los 50 difundió su método para determinar la congruencia entre el trabajo (entendido como la aplicación del currículo y las actividades de enseñanza) y los objetivos educativos (los cambios en los comportamientos humanos), enfocándose a medir las transformaciones en los comportamientos como la expresión de haber, o no, alcanzado aquéllos esperados; a fin de tomar decisiones.

2. A manera de complemento del anterior, Mettessel y Michael, del Modelo de Evaluación de Objetivos plantearon que en la evaluación era necesario involucrar a los actores del proceso y que los resultados así obtenidos podían ser complemento de evaluaciones previas o subsecuentes; además de señalar que el método de objetivos también podía ser utilizado para evaluar procedimientos administrativos y proporcionar información importante para los directivos escolares.

3. En los años 60, Edward Shuman propone el *Modelo Científico de Evaluación Educativa*, que persigue resultados para ser utilizados como investigación aplicada, a diferencia de la investigación básica que tenía por objetivo descubrir conocimiento. El propósito de este modelo es determinar hasta qué punto un programa educativo consigue el resultado deseado basado en las siguientes finalidades: describir el alcance de objetivos; determinar las razones para el alcance, o no de ellos; descubrir los principios de los programas que tienen éxito; utilizar técnicas para aumentar la efectividad de la dirección del curso; ofrecer bases de futuras investigaciones sobre el éxito de técnicas alternativas; y redefinir medios para el logro de metas y submetas, como resultado de la investigación.

4. Lee J. Cronbach, a mediados de los 70, propuso el *Modelo de Planificación evaluativa* conocido también como modelo UTO y dirigido a reducir la incertidumbre, desentrañando conceptos

simples o seguros para su mejor comprensión. Una evaluación debe servir para solucionar futuros problemas y clarificar significados, y ofrecer, además, una comprensión básica del problema; presuponiendo que las evaluaciones cumplen funciones políticas para encontrar una amplia gama de resultados, en los que la planificación debe ser como la de un programa de investigación. Las siglas UTO significan: Unidad (cualquier individuo o clase que se desee evaluar); Tratamiento (característica particular y definitoria de cómo se trata a la Unidad; Operaciones de observación (métodos, actividades e instrumentos que se aplican antes, durante o después del tratamiento y que permiten dar cuenta de la Unidad).

5. El *Modelo para el Perfeccionamiento o Contexto-Input-Proceso-Producto,* mejor conocido como CIPP, fue propuesto por Stufflebeam en 1965. Está dirigido a administradores y planeadores y tiene como intención ayudar a administrar y a perfeccionar los programas educativos a través de proporcionar información sobre el proceso, a fin de entender la realización y evaluación del producto; todo esto encaminado hacia la toma de decisiones, o el reciclaje. Plantea cuatro tipos de evaluación que son complementarios y simbióticos (Contexto, ingreso, proceso, producto). Para el perfeccionamiento del sistema las operaciones regulares son sometidas a evaluaciones periódicas del contexto, si no se justifica un cambio se continúa con las operaciones regulares. En caso contrario, se requiere definir el problema y formular los objetivos de perfeccionamiento.

2.3.2. Los modelos de evaluación con métodos alternativos.

Desde la sexta década del siglo XX empezaron a proliferar propuestas teóricas desarrolladas como respuesta crítica a los modelos clásicos de evaluación por objetivos, arguyendo que al limitar los resultados del rendimiento de los estudiantes a las respuestas dadas en simples cuestionarios, no es posible entender un fenómeno educativo como un todo pleno de interrelaciones y situaciones causales y consecuentes.

La puesta en marcha de un plan, programa o proyecto está relacionada con la satisfacción de necesidades previamente diagnosticadas y definidas; sin embargo, no siempre los propósitos planteados se alcanzan, a pesar de haber realizado de manera puntual las estrategias y haber hecho uso de los recursos destinados para ese fin.

Por ello y como consecuencia del movimiento de *Accountability* o de "rendición de cuentas" para dar a conocer y entender el uso de los recursos públicos y privados, se intenta medir el logro efectivamente alcanzado, con la intención de adoptar medidas correctivas en caso de obtener resultados poco positivos, o peor aún, negativos.

Esta corriente teórica acepta que el éxito o el fracaso educativo responde a muchos otros factores además de la disposición y capacidad del alumno y que es necesario incorporar al conocimiento del fenómeno otros elementos tales como la relación con el entorno y con las actitudes asumidas ante los aprendizajes utilizando como estrategias el seguimiento de los estudiantes. En cuanto a los modelos alternativos que recuperan el contexto para la valoración de un programa se identifican cuatro:

1. El *Método Evaluativo Centrado en el Cliente* publicado en 1967 por Robert Stake, quien manifiesta que el sentido de la evaluación es ofrecer una base general de la tarea evaluativa que permita ampliar la mirada y los resultados de las prácticas evaluativas, prestando atención a todo el conjunto de la evaluación: la descripción y juicio del programa; las distintas fuentes de datos; el análisis de la congruencia y contingencia; la identificación de normas pertinentes y a menudo opuestas; y las múltiples utilizaciones de la propia evaluación. Y sirve para documentar los acontecimientos, informar del cambio al estudiante, determinar la vitalidad de la institución, localizar la raíz de los problemas y colaborar en la toma de decisiones administrativas, proponer una acción correctiva e intensificar la comprensión de la enseñanza y el aprendizaje.

2. También en la década de los 70 T.R. Owens y R.L. Wolf propusieron el *Método Contrapuesto de Evaluación*, que tenía por sentido proporcionar información a quienes toman decisiones prácticas para elaborar proyectos y juzgar resultados previstos y no previstos que hubiesen sido alcanzados con la operación del programa; sin centrarse exclusivamente en el

logro de los objetivos sino en buscar y aclarar variables sutiles e intangibles que finalmente determinan la operación de un programa; variables que se vinculan al éxito del programa, al estudiante, o a la sociedad. Se le llama también judicial porque se forman dos grupos de evaluadores con visiones diferentes de las variables. Cada grupo describe, analiza y defiende sus visiones para que al final se definan cuáles fueron los resultados reales alcanzados y se proceda a la toma de decisiones.

3. Denominada como *Evaluación formativa y sumativa* o evaluación sin metas, Michael Scriven propuso a finales de los 60 un tipo de evaluación orientada al consumidor; su finalidad es llegar a ofrecer productos de mejor calidad, que recuperando la tendencia antropológica humana en las ciencias administrativas, pone al centro el beneficio o la satisfacción que la oferta del programa educativo representa para el consumidor, usuario o beneficiario del programa.

Este modelo reconoce una multiplicidad de utilidades para la evaluación ya que pueden formar parte de la enseñanza; del proceso de elaboración de currículos; de algún experimento relacionado con el perfeccionamiento de la teoría del aprendizaje; de una investigación preliminar sobre la decisión acerca de la compra o rechazo de los materiales. Para Scriven existen dos funciones primordiales de la evaluación:

- La formativa que se considera parte integrante del proceso en desarrollo y proporciona información continua para planificar y producir un objeto, ayuda al personal a perfeccionar lo que se esté operando pues ofrece respuestas para la validez del contenido, el vocabulario, la utilidad, la pertinencia de los medios, la durabilidad de los materiales, la eficiencia, la elección del personal, etcétera; para comprobar la eficacia del programa al término del proceso.
- La sumativa sirve para ayudar a decidir si el currículo finalizado representa un avance sobre otras opciones disponibles y si es suficientemente significativo para justificar los gastos de su adopción en un sistema

escolar; es decir, saber que al final se lograron o no los resultados esperados no produce conocimiento que permita la mejora. Para lograrla propone valerse de la evaluación extrínseca, que permite emitir juicios sobre los resultados alcanzados, para lo que es factible realizar comparaciones entre lo planeado originalmente y los hechos alcanzados.

Para realizar una evaluación centrada en el consumidor, como también se le denomina, es necesario considerar dos circunstancias:

- La intrínseca, que juzga metas, estructura, metodología, cualidades y actitudes del personal, facilidades, credibilidad pública, e informes previos; dejando de lado los efectos sobre los clientes.
- La final, que se encarga de los efectos sobre los clientes y no se preocupa por la naturaleza del programa o sus objetos. Los efectos pueden medirse con escalas de test, rendimiento en el trabajo o el estado de salud.

Al establecer que el logro de las metas debe contribuir al bienestar de los consumidores, la intención es identificar los logros reales y calcular su valor desde el punto de vista de los beneficiarios; por esto considera importante hacer una evaluación que no tome en cuenta las metas previstas, sino los logros efectivos, sean o no satisfactorios para el consumidor.

Este modelo al que se viene haciendo referencia -*la Evaluación formativa y sumativa*- reconoce que después de un proceso formativo ocurre un cambio y es por ello que presta atención a los resultados supuestos; pero también a los efectos laterales o no pretendidos, a corto y mediano plazo. De esta forma, la evaluación no sólo analiza y describe la realidad encontrada, sino que emite un juicio informado con base en criterios diversificados y argumentados. Por esto dice que es necesario comparar los costos y efectos del programa evaluado respecto de los "competidores críticos", es decir los que ofrecen el mismo servicio a un menor costo.

Para llevar a cabo los procesos formativos y sumativos durante las últimas etapas del desarrollo del programa, este enfoque plantea que es necesaria una "evaluación profesional" por parte de evaluadores externos, quienes requieren de habilidades técnicas específicas a fin de aumentar la objetividad de los juicios de valor que sean justificables en el entorno en que sucede el programa; más que medir cosas, o simplemente determinar si las metas han sido alcanzadas.

Sin embargo, también reconoce que una "evaluación amateur", desarrollada por los propios diseñadores del programa, resulta significativa a pesar de que sea poco sistemática o subjetiva, al tratar éstos de justificar el éxito de su programa. Incluso, el modelo contempla la formación de grupos mixtos de evaluación: amateurs para la evaluación formativa y profesionales para la evaluación sumativa. Los resultados de la evaluación formativa intrínseca pueden resultar positivos, pero reflejar un fracaso al valorar la aplicación de los conocimientos y habilidades adquiridas por los egresados de un programa educativo (sumativa final).

Propone Michael Scriven que sean los efectos reales, sin considerar las metas propuestas en el programa, los que deban ser contrastados con las necesidades valoradas por los consumidores; entendiendo por necesidad cualquier cosa que resulte esencial para tener una existencia satisfactoria.

Además, continúa Scriven, se debe recuperar parte de modelos previamente definidos, pero aceptando que son válidos específicamente para un objeto de evaluación particular, razón por la cual cada evaluador debe adoptar una visión comprensiva, incluyente y amplia de las circunstancias de su propio trabajo de evaluación.

4. El modelo de *evaluación iluminativa*, también conocido como el método holístico de Parllett y Hamilton, hizo en 1997 un replanteamiento de las bases lógicas y de las técnicas de los programas evaluativos. Su objetivo es esclarecer los fenómenos de aprendizaje aislando las características más significativas,

esbozando ciclos de causa-efecto y comprendiendo las relaciones entre las creencias y las prácticas; entre los modelos de organización y los modelos de los individuos.

El método, descrito sucintamente, estudia el programa innovador: cómo opera, cómo influye en las distintas situaciones escolares a las que se aplica, sus ventajas y desventajas, cómo se ven afectadas las tareas intelectuales y las experiencias académicas de los estudiantes; estudiando estos elementos con la finalidad de poder descubrir qué significa participar en el programa como profesor, o como alumno, y discernir las características más significativas de la innovación, las concomitancias recurrentes y los procesos críticos. Para lograr esto se requiere de las siguientes acciones:

- Observar la amplia gama de variables que afectan el resultado (actividades, transacciones, comentarios informales...) y sistematizar la interpretación del evaluador.
- Seleccionar y plantear cuestiones de manera coherente y ecuánime para elaborar una lista sistemática y selectiva de los aspectos más importantes de lo observado.
- Explicar los principios subyacentes a la organización del programa, delineando los modelos causa-efecto de las operaciones.

Para recoger la información utiliza observación, entrevistas, cuestionarios, test, fuentes documentales, antecedentes. El informe debe ser versátil, no importa mucho su formato sino el incorporar información del amplio espectro de la compleja realidad del programa, evidenciando lo trivial para hacerlo significativo; e incluyendo cuestiones, problemas y asuntos políticos importantes para los diversos grupos interesados.

Tanto el enfoque de satisfacción al consumidor como el iluminativo son propuestas que responden a un punto de vista cualitativo, privilegian la explicación y el sentido que ofrece el evaluador acerca de los datos recuperados.

Por ello, como estrategia metodológica, plantea la creación de un esquema de evaluación particular para determinar un problema, que pueda ser descrito e interpretado posteriormente a fin de emitir un juicio informado sobre el asunto y que este juicio sirva como fundamento para que el interesado en el producto, programa o proyecto, tome sus decisiones al respecto.

CAPÍTULO 3

TEORÍA GENERAL DE SISTEMAS APLICADA AL ÁMBITO EDUCATIVO

En la actualidad el enfoque sistémico es tan común que incluso es parte de las actividades y procesos cotidianos del ser humano. El mundo de hoy es una sociedad compuesta de organizaciones, las cuales están conformadas por individuos, así como por varios subsistemas que funcionan de manera coordinada, de modo que se puede decir que el hombre mismo es un sistema que se encuentra inmerso en otros sistemas, en los que interrelaciona de forma diversa.

3.1. Teoría General de Sistemas

La teoría general de sistemas o teoría de sistemas (TGS) es un esfuerzo de estudio que trata de encontrar las propiedades comunes a entidades que se presentan en todos los niveles de la realidad, pero que son objeto tradicionalmente de disciplinas académicas diferentes. Su origen se atribuye al biólogo austriaco Ludwig von Bertalanffy, quien acuñó la denominación a mediados del siglo XX (Figura 4).

Aunque la TGS surgió en el campo de la Biología, pronto se vio su capacidad de inspirar desarrollos en disciplinas distintas y se aprecia su influencia en la aparición de otras nuevas. Así se ha ido constituyendo el amplio campo de las ciencias de los sistemas, con especialidades como la Cibernética, la Teoría de la Información, la Teoría de Juegos, la Teoría del Caos o la Teoría de las Catástrofes. Sin embargo, más recientemente destaca la intensa influencia del sociólogo alemán Niklas Luhmann, que ha conseguido introducir sólidamente el pensamiento sistémico en el campo de las ciencias sociales.

Figura 4.
Orígenes de la TGS

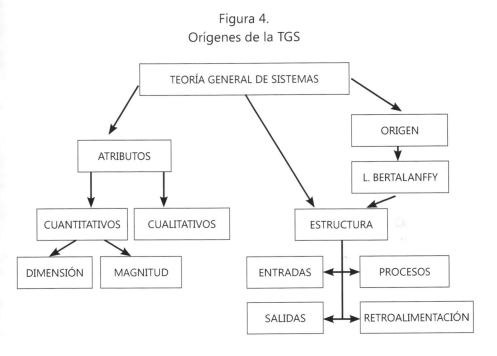

Fuente: Elaboración propia

Así, la TGS busca descubrir isomorfismos (del griego *iso-morfos*: Igual forma) en distintos niveles de la realidad que permitan:

- Usar los mismos términos y conceptos para describir rasgos esenciales de sistemas reales muy diferentes, así como encontrar leyes generales aplicables a la comprensión de su dinámica.
- Favorecer la formalización de las descripciones de la realidad para posteriormente permitir la modelización de las interpretaciones que se hacen de ella.
- Facilitar el desarrollo teórico en campos en los que es difícil la abstracción del objeto; o por su complejidad, o por su historicidad, es decir, por su carácter único. Los sistemas históricos están dotados de memoria, y no se les puede comprender sin conocer y tener en cuenta su particular trayectoria en el tiempo.
- Superar la oposición entre las dos aproximaciones al conocimiento de la realidad: La analítica, basada en operaciones de reducción y la sistémica, basada en la composición.

De este modo, el enfoque de sistemas considera a la organización como una entidad que se encuentra en constante interacción con su ambiente. También señala la existencia de diversas relaciones entre sus componentes internos llamados subsistemas.

Así, esta teoría conceptualiza a la organización como un sistema o un todo unitario compuesto por dos o más subsistemas interdependientes con ciertos límites vinculados a un suprasistema que es el medio ambiente.

Con base en lo anterior, se presenta una principal diferencia con la teoría de la organización tradicional ya que ésta utiliza un enfoque de sistema cerrado altamente estructurado; mientras que la de sistemas, la conceptualiza como una entidad abierta hacia los requerimientos del ambiente.

A partir de la figura 5, se tiene que la organización como sistema abierto requiere de insumos que utiliza para la producción de un bien o generación de un servicio, los cuales constituyen las primeras salidas, ya que también se necesita que satisfaga las necesidades de sus miembros.

Figura 5
Entradas y salidas de una organización

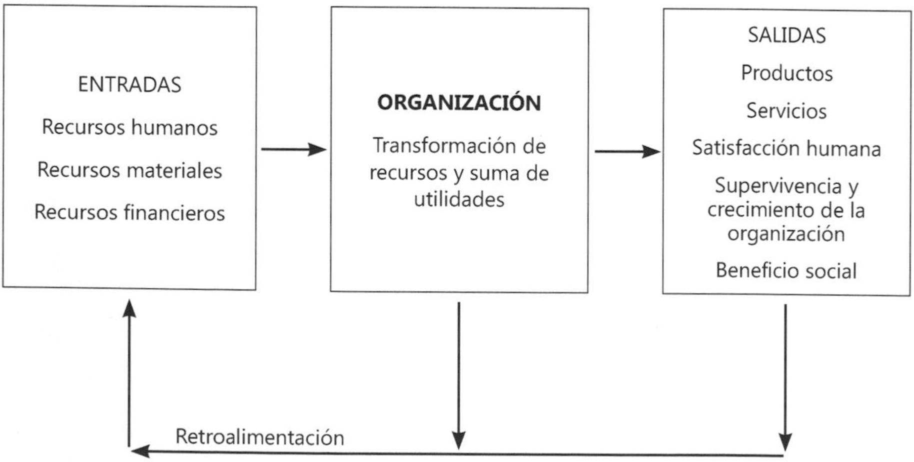

ENTRADAS	ORGANIZACIÓN	SALIDAS
Recursos humanos	Transformación de recursos y suma de utilidades	Productos
Recursos materiales		Servicios
Recursos financieros		Satisfacción humana
		Supervivencia y crecimiento de la organización
		Beneficio social

Retroalimentación

Fuente: Elaboración propia

Según Kast y Rosenzweig (2002), una organización es un sistema sociotécnico abierto integrado de varios subsistemas importantes: objetivos y valores, técnico, psicosocial, estructural y administrativo como se observa en la figura 6:

Figura 6
Los subsistemas de una organización

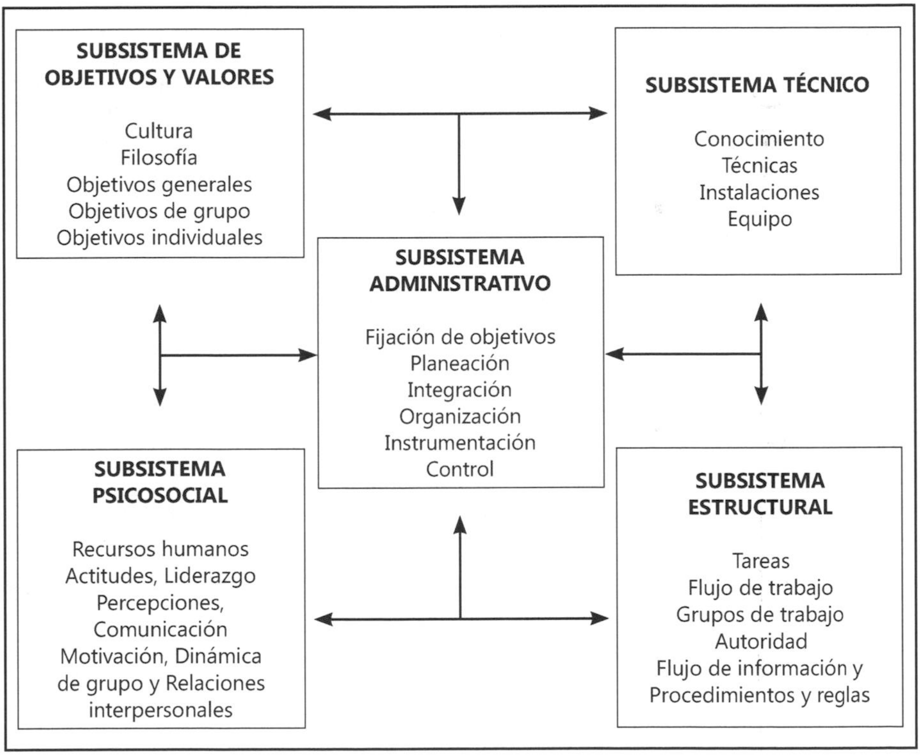

SUBSISTEMA DE OBJETIVOS Y VALORES

Cultura
Filosofía
Objetivos generales
Objetivos de grupo
Objetivos individuales

SUBSISTEMA TÉCNICO

Conocimiento
Técnicas
Instalaciones
Equipo

SUBSISTEMA ADMINISTRATIVO

Fijación de objetivos
Planeación
Integración
Organización
Instrumentación
Control

SUBSISTEMA PSICOSOCIAL

Recursos humanos
Actitudes, Liderazgo
Percepciones,
Comunicación
Motivación, Dinámica
de grupo y Relaciones
interpersonales

SUBSISTEMA ESTRUCTURAL

Tareas
Flujo de trabajo
Grupos de trabajo
Autoridad
Flujo de información y
Procedimientos y reglas

Fuente: Elaboración propia

A partir de la figura 6, se presenta que el subsistema de objetivos y valores hace referencia a los propósitos que debe alcanzar una organización. El subsistema técnico se enfoca al conocimiento, técnicas e infraestructura que se requieren para el desempeño de las tareas.

Por su parte, el subsistema psicosocial está integrado por individuos y grupos en interacción, por lo que abarca el comportamiento individual, la motivación, la relación de función y posición, dinámicas de grupos y colaboración. También analiza los sentimientos, valores, actitudes, expectativas y aspiraciones de las personas.

En tanto, el subsistema estructural se encarga de las diversas formas en que las tareas o actividades de la organización están divididas (diferenciación) y son coordinadas (integración). De ahí que considera los estatutos y manuales de la organización para señalar las descripciones de puesto y posición, así como las reglas y procedimientos susceptibles de ser aplicados.

Por último, el subsistema administrativo abarca a la organización al relacionarla con su medio ambiente, fijar los objetivos, desarrollar planes estratégicos y operativos, diseñar la estructura y establecer procesos de control. De esta manera, a este componente le corresponde el desarrollo de las fases del proceso administrativo: planeación, organización, ejecución, control y evaluación.

Por tanto, para el enfoque de sistemas una organización está integrada por estos cinco componentes, los cuales se interrelacionan mutuamente y, si funcionan correctamente, se dice que la organización está en equilibrio, es decir, alcanza sus objetivos y metas tanto para los miembros como para el medio ambiente específico en el que se desenvuelve. En cambio, si uno o más de estos componentes no realizan sus tareas o actividades de una forma apropiada, la organización entra en un desequilibrio, por lo que se generan problemas los cuales obstaculizan el logro de las metas y objetivos.

En relación con el ambiente, el enfoque de sistemas considera la existencia de dos formas de organización: la estable-mecánica y la adaptable-orgánica. Las principales características de la primera son:

- El medio ambiente es relativamente estable y seguro.
- Los objetivos están bien definidos y se mantienen.
- La tecnología es relativamente uniforme y estable.
- Existen actividades rutinarias y la productividad es el objetivo primordial.
- La toma de decisiones es programable y los procesos de coordinación y control tienden a permitir un sistema jerárquico estructurado de manera estricta.

Por su parte, los rasgos esenciales de la segunda son:

- El medio ambiente es relativamente incierto e inestable.
- Los objetivos son diversos y cambiantes.
- La tecnología es compleja y dinámica.
- Existen diversas actividades no rutinarias en las que son importantes la creatividad y la innovación.
- Se utilizan procesos heurísticos de toma de decisiones, el control y la coordinación se producen mediante ajustes recíprocos. El sistema es menos jerárquico y más flexible.

En este sentido, una organización estable-mecánica tiene un comportamiento extremadamente rígido, basado en una rutinización de las actividades y bajo las características de las teorías de la administración científica, clásica y burocrática.

Por el contrario, una organización adaptable-orgánica posee un desempeño dinámico basado en las habilidades y actitudes de sus miembros, sus tareas y actividades se fundamentan en la innovación y las decisiones se llevan a cabo por consenso, por lo que retoma las aportaciones de las ciencias del comportamiento.

Por su parte, el ambiente en el que una organización se desenvuelve son los siguientes:

Tabla 2

Clasificación de ambientes de una organización

AMBIENTE	CARACTERÍSTICAS
Cultural	Incluyen los antecedentes históricos, ideologías, valores y normas de la sociedad. Los puntos de vista sobre las relaciones de autoridad, esquemas de liderazgo, relaciones interpersonales, razonamiento, ciencia y tecnología definen la naturaleza de las instituciones sociales.
Tecnológico	El nivel de adelanto científico y tecnológico en la sociedad, incluyendo la base física (plantas, equipo, instalaciones) y la base de conocimientos de la tecnología. Es el grado en el que la comunidad científica y tecnológica es capaz de desarrollar nuevos conocimientos y aplicarlos.
Educativo	El nivel general de alfabetización de la población. El grado de complejidad y especialización del sistema educativo. La proporción de personas con un alto nivel profesional y/o capacitación especializada.
Político	El clima político general de la sociedad. El grado de concentración del poder político. La naturaleza de la organización política (grado de descentralización, diversidad de funciones, etc.). El sistema de partidos políticos.
Legal	Consideraciones constitucionales, naturaleza del sistema legal, jurisdicciones de las distintas unidades gubernamentales. Leyes específicas acerca de la formación, tasas impositivas y control de las organizaciones.
Recursos naturales	La naturaleza, cantidad y disponibilidad de recursos naturales, incluyendo las condiciones climáticas y otras.
Demográfico	La naturaleza de los recursos humanos disponibles para la sociedad; su número, distribución, edad y sexo. Concentración y urbanización de las poblaciones que es una característica de las sociedades industrializadas.
Sociológico	Estructura de clases y movilidad. Definición de las responsabilidades sociales. Naturaleza de la organización social y desarrollo de las instituciones sociales.
Económico	Marco económico general, incluyendo el tipo de las organizaciones económicas: propiedad privada en oposición a la pública; centralización o descentralización de la planificación económica; el sistema bancario y las políticas fiscales. Los niveles de inversión en recursos físicos y las características del consumo.

Fuente: Elaboración propia

Con base en tabla 2, una organización tiene influencias de diversos ambientes los cuales afectan en forma positiva o negativa a los objetivos, metas, estrategias y a sus integrantes y que se detallan a continuación:

El aspecto cultural incide sobre el comportamiento de los miembros en cuanto a las normas y valores. El componente tecnológico afecta a la infraestructura sobre los métodos de producción, diseño y ejecución de planes de innovación, por lo que es uno de los parámetros que permiten medir el nivel de actualización de una organización.

El ambiente educativo ejerce una gran influencia sobre una organización, al proporcionarle el elemento básico: el recurso humano, el cual presenta un perfil específico en cuanto a las habilidades y destrezas que fueron aprendidas durante los años de escolaridad. El aspecto legal establece el conjunto de leyes y reglas que delimitan el campo de acción de la misma, en cuanto lo que puede planear y desarrollar. El componente económico señala las condiciones del mercado o mercados en que se encuentra dicho organismo a partir de ciertos indicadores básicos como son la inflación, tipo de cambio, tasa de interés, entre otros; así como el comportamiento de las autoridades gubernamentales en cuanto a la política económica.

De esta manera, es importante identificar el ambiente o ambientes con los que tiene relación una organización, porque son los que determinan los bienes y servicios que se requieren.

También se hace necesario el establecimiento de una vinculación constante con dichos ambientes para que exista una congruencia entre lo que demandan éstos y lo que ofrece la organización.

3.2. Características del enfoque sistémico

El concepto de sistema inicia del problema de las partes y el todo, ya discutido en la antigüedad por Hesíodo (siglo VIII a.C.) y Platón (siglo IV a.C.). Sin embargo, el estudio de los sistemas como tal no preocupa hasta la Segunda Guerra Mundial, cuando se pone de relieve el interés del trabajo interdisciplinar y la existencia de analogías en el funcionamiento de sistemas biológicos y automáticos comenzando su importancia cuando Bertalanffy en 1947 propone su Teoría General de Sistemas.

La aparición del enfoque de sistemas tiene su origen en la incapacidad manifiesta de la ciencia para tratar problemas complejos. El método científico, basado en reduccionismo, repetitividad y refutación, fracasa ante fenómenos muy complejos por varios motivos:

a) El número de variables que interactúan es mayor que las que se presentan y controlan en el método científico, por lo que no es posible realizar verdaderos experimentos;

b) La posibilidad de que factores desconocidos influyan en las observaciones es mucho mayor;

c) Como consecuencia, los modelos cuantitativos son muy vulnerables debido a que se enfocan en elementos solamente objetivos.

Así, el fenómeno de la complejidad es especialmente patente en las ciencias sociales debido a que un gran número de factores humanos, económicos, tecnológicos y naturales se encuentran extremadamente interconectados. En este caso la dificultad se multiplica por la imposibilidad de llevar a cabo experimentos y por la propia intervención del hombre como sujeto y como objeto (racional y libre) de la investigación.

Por lo que la mayor parte de los problemas con los que tratan las ciencias sociales son de evaluación, gestión, organización, planeación, control, resolución de problemas y toma de decisiones. Actualmente estos problemas aparecen en cualquier momento ya sea en la administración, la industria, la economía, la defensa, la salud, la educación, por mencionar algunos. Así, el enfoque de sistemas aparece para abordar el problema de la complejidad a través de una forma de pensamiento basada en la totalidad y sus propiedades que complementa el reduccionismo científico.

Fueron los biólogos quienes se vieron en primer lugar en la necesidad de pensar en términos de totalidades. El estudio de los seres vivos exigía considerar a éstos como una jerarquía organizada en niveles, cada uno más complejo que el anterior. En cada uno de estos niveles aparecen propiedades emergentes que no se pueden explicar a partir de los componentes del nivel inferior, sencillamente porque se derivan de la interacción, y no de los componentes individuales. En los años cuarenta comienza un vivo interés por los estudios interdisciplinares con el fin de explorar la tierra de nadie existente entre las ciencias establecidas.

Estos estudios ponen de manifiesto la existencia de analogías e isomorfismos en la estructura y comportamiento de sistemas de naturaleza muy distinta, descubriendo la ubicuidad de los procesos de retroalimentación, en los que informaciones sobre el funcionamiento de un sistema se transmiten a etapas anteriores formando un bucle cerrado que permite evaluar el efecto de las posibles acciones de control y adaptar o corregir el comportamiento del sistema. Estas ideas constituyen el origen de la Cibernética, cuyo objeto es el estudio de los fenómenos de comunicación y control, tanto en seres vivos como en máquinas.

En esta misma década, Bertalanffy proponía los fundamentos de una Teoría de Sistemas Generales y en 1954 se crea la Sociedad para la Investigación de Sistemas Generales. El programa de la sociedad refería a:

- Investigar el isomorfismo de conceptos, leyes y modelos en varios campos, y promover transferencias útiles de un campo a otro.
- Favorecer el desarrollo de modelos teóricos adecuados en aquellos campos donde faltaran.
- Reducir en lo posible la duplicación de esfuerzo teórico en campos distintos.
- Promover la unidad de la ciencia, mejorando la comunicación entre los especialistas.

El principal objetivo de Bertalanffy fue el desarrollo y difusión de una única meta-teoría de sistemas formalizada matemáticamente, no ha llegado a cumplirse. En su lugar, de lo que se puede hablar es de un enfoque de sistemas o un pensamiento sistémico que se basa en la utilización del concepto de sistema como un todo irreducible (Bertalanffy, 1992).

3.3. Metodología sistémica.

La metodología sistémica es un conjunto de elementos que considera un conocimiento previo, así como el desarrollo y aplicación de determinados procesos con base en diversos métodos en los cuales se abordan los problemas en los que la presencia de sistemas es dominante. De esta manera, esta metodología aporta instrumentos que permitan estudiar aquellos problemas que resultan de las interacciones que se producen al interior de un sistema, así como de las entradas, procesos y resultados que se generan.

Como menciona Barranco (2002): "... el énfasis metodológico se detecta desde los inicios del movimiento sistémico, pero quizás por falta de claridad de los conceptos y la supuesta mayor facilidad de comprensión y aplicación, las actividades académicas y profesionales enfocadas al desarrollo, aplicación y difusión de sistemas han dado diferentes énfasis, no sólo a alguno(s) de los tres conceptos básicos (sistemas, interdisciplinario, transdisciplinario)".

De esta manera, en esta metodología, es importante hacer énfasis a dos elementos fundamentales, que por su propia naturaleza, deben considerarse inseparables y que ante la actividad específica de que se trate hay que cuestionar y buscar el balance más adecuado o el más apropiado y que son: El método y las técnicas.

Esta falta de balance, en parte, ha propiciado un importante desarrollo de las técnicas y herramientas de sistemas, que si bien en su mayoría han contribuido a resolver problemas, también han contribuido a cometer el error de resolver el problema equivocado y generar más problemas, lo cual ha despertado la crítica y el señalamiento de las limitaciones de los conceptos sistémicos.

Dicha ausencia de balance, la corrección de esos errores y el aprendizaje para evitarlos, sólo se logrará con el manejo apropiado de los tres conceptos básicos fundamentales de sistemas, en especial del conocimiento metodológico adecuando para su aplicación.

Por consiguiente, el estudio de un sistema consiste en la descompo-sición de sus elementos al menos conceptual, para establecer las partes de lo forman. No obstante, dicho análisis no es suficiente, ya que no basta con saber cuáles son sus componentes. Para comprender su comportamiento es necesario saber cómo se integran; cuáles son los mecanismos mediante los que se produce su coordinación aunado a determinar cómo se produce la síntesis de las partes en el sistema. Por ello, en el estudio de un sistema, tan importante es el análisis como la síntesis.

De este modo, el énfasis en la síntesis distingue la metodología sistémica de las clásicas, en las que éstas sobrevaloran los aspectos analíticos por oposición de los sintéticos, mientras que en la metodología sistémica se adopta una posición más equilibrada. Tan importante es el análisis, que permite identificar los componentes de un sistema, como la síntesis, mediante la cual se estudia cómo se produce la integración e interacción de esas partes en el sistema.

3.4. Pensamiento sistémico.

En lo referente al pensamiento sistémico, se puede considerar como la actitud del ser humano, que se basa en la percepción del mundo real en términos de totalidades para su análisis, comprensión y accionar, a diferencia del planteamiento del método científico, que sólo percibe partes de éste y de manera inconexa. Por lo que este pensamiento aparece formalmente hace unos 45 años atrás, a partir de los cuestionamientos que desde el campo de la Biología hizo Bertalanffy, quien cuestionó la aplicación del método científico en los problemas de esta ciencia, debido a que se basaba en una visión mecanicista y causal, que lo hacía débil como esquema para la explicación de los grandes problemas que se dan en los sistemas vivos. De tal forma, que este cuestionamiento lo llevó a plantear un reformulamiento global para entender mejor el mundo real, surgiendo formalmente el paradigma de sistemas.

Posteriormente, Bertalanffy (1992) afirma que "el pensamiento sistémico es integrador, tanto en el análisis de las situaciones como en las conclusiones que nacen a partir de allí, proponiendo soluciones en las cuales se tienen que considerar diversos elementos y relaciones que conforman la estructura de lo que se define como *sistema*, así como también de todo aquello que conforma su entorno". La base filosófica que sustenta esta posición es el Holismo (del griego holos = entero).

Por lo que bajo la perspectiva del enfoque de sistemas la realidad que concibe el observador que aplica esta disciplina se establece por una relación muy estrecha entre él y el objeto observado, de manera que su "realidad" es producto de un proceso de co-construcción de la simbiosis entre el sujeto y el objeto observado, en un espacio–tiempo determinados, constituyéndose dicha realidad en algo que ya no es externo al observador y común para todos, como lo plantea el enfoque tradicional, sino que esa realidad se convierte en algo personal y particular, distinguiéndose claramente entre lo que es el mundo real y la realidad que cada observador concibe para sí.

De tal modo que las filosofías que enriquecen el pensamiento sistémico contemporáneo son la fenomenología de Husserl y la hermenéutica de Gadamer, que a su vez se nutre del existencialismo de Heidegger y del historicismo de Dilthey. Por lo tanto, la consecuencia de esta perspectiva sistémica, fenomenológica y hermenéutica es que hace posible ver a las organizaciones ya no como objetos con un fin predeterminado, como lo establece el esquema tradicional, sino que ahora pueden tener diversas finalidades en función de la forma cómo los involucrados en su destino la vean, surgiendo así la variedad interpretativa así como la posibilidad de irse transformando en el tiempo para adoptarse a los cambios que su entorno vaya presentando. Estas visiones estarán condicionadas por los intereses y valores que posean sus miembros, existiendo solamente un interés común centrado en la necesidad de la supervivencia de la organización como un todo.

De este modo, la relevancia de emplear el pensamiento sistémico contemporáneo aplicado al estudio de las organizaciones es la posibilidad de formular una visión inter, multi y transdisciplinaria que ayudará a analizar a la sociedad de manera integral permitiéndole identificar y comprender con mayor claridad y profundidad los problemas que en ella confluyen, sus múltiples causas y consecuencias. Así mismo, viéndola como un ente integrado, conformada por partes que se interrelacionan entre sí a través de una estructura que se desenvuelve en un entorno determinado, se estará en capacidad de poder detectar con la amplitud requerida tanto la problemática, como los procesos de cambio que de manera integral, es decir a nivel humano, de recursos y procesos, serían necesarios de implantar en la misma, para tener un crecimiento y desarrollo sostenibles y en términos viables en el tiempo.

3.5. Los sistemas duros y sistemas suaves.

Respecto a los sistemas "rígidos y flexibles", se hace alusión a la existencia de una dicotomía entre la teoría de sistemas rígidos o también llamados duros y la teoría de sistemas flexibles o también nombrados suaves. Es común encontrar los primeros en las ciencias físicas y a los cuales se les puede aplicar de manera satisfactoria las técnicas tradicionales del método científico y el paradigma de la ciencia.

Sin embargo, cuando se comparan las propiedades típicas de los sistemas "rígidos" y "flexibles" no es de sorprenderse el encontrar que los métodos de la ciencia que se pueden aplicar en el primero, pueden no ser totalmente apropiados para los segundos.

Comúnmente, los sistemas rígidos admiten procesos de razonamiento formal, esto es, derivaciones lógico – matemáticas. Los datos comprobados, como se presentan en esos dominios, generalmente son replicables y las explicaciones pueden basarse en relaciones causadas probadas. De tal forma que las pruebas son exactas y las predicciones pueden indagarse con un grado relativamente elevado de seguridad.

De esta forma, los sistemas duros se identifican como aquellos en que interactúan hombres y máquinas en los que se les da mayor importancia a la parte tecnológica en contraste con la parte social. El componente social de estos sistemas se considera como si la actuación o comportamiento del individuo o del grupo social sólo fuera generador de estadísticas. Es decir, el comportamiento humano se considera tomando sólo su descripción y no su explicación, es decir, no importa las causas de tal comportamiento.

Por consiguiente, en los sistemas duros se cree y actúa como si los problemas consistieran sólo en seleccionar la mejor alternativa (la óptima) con el fin de reducir la diferencia entre un estado que se desea alcanzar y el estado actual de la situación.

Dicha diferencia define la necesidad a satisfacer el objetivo, eliminándola o reduciéndola, Se cree que ese fin es claro y fácilmente definible y que los problemas tienen una estructura fácilmente identificable.

Por lo que la idea de "práctica de sistemas" implica saber cómo utilizar los conceptos aprendidos anteriormente para solucionar problemas de sistemas descritos como "naturales", "físicamente diseñados", "de diseño abstracto" o "actividad humana", donde a partir de las características principales de cada uno de ellos, el solucionador de problemas busca describirlos.

De esta manera, los principales elementos de un sistema duro son: Objetivos, medidas de desempeño, seguimiento y control, así como toma de decisiones (figura 7). En tanto que las principales características que presenta son:

- El proceso de la toma de decisiones se orienta hacia aquellas variables de decisión que sean medibles y cuantitativas.
- Cuando los estados futuros de lo que puede pasar son claramente identificables, y
- Cuando la asignación de los recursos del sistema a las áreas que lo soliciten sean fácil y expedita.

Figura 7.
Elementos de un sistema duro

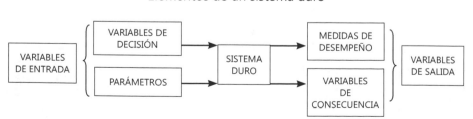

Fuente: Elaboración propia

Con base en la figura 7, se presenta que los sistemas permiten procesos de razonamiento formal en los cuales las derivaciones lógico - matemáticas representan un papel muy importante. En esta forma podemos ver que los experimentos realizados en estos sistemas son repetibles y la información y evidencia obtenida de los mismos puede ser probada cada vez que el experimento se efectué teniendo así relaciones de tipo CAUSA - EFECTO. Finalmente, y debido a este tipo de relaciones CAUSA - EFECTO, los pronósticos o predicciones del futuro esperado del sistema bajo ciertas condiciones específicas son bastantes exactos y/o seguros.

Por otro lado, los sistemas "flexibles" o bien llamados "suaves", los cuales están dotados con características conductuales, son vivientes y sufren un cambio cuando se enfrentan a su medio. Los sistemas suaves típicamente corresponden al dominio de las ciencias de la vida y de las ciencias del comportamiento tanto individual como social por lo que presentan una metodología basada no sólo en el análisis y la deducción, sino también incluye la síntesis. De esta manera, en lugar de basarse en métodos formales de pensamiento, consideran lo siguiente:

- Los procesos de razonamiento informales, como el juicio y la intuición.
- El peso de los datos comprobados, derivados de unas cuantas observaciones y muy poca oportunidad de réplica.
- Las predicciones basadas en datos comprobados endebles, más que en explicaciones.
- Mayor discontinuidad de dominio y la importancia del evento único.

De tal forma que los sistemas suaves se identifican como aquellos en que se le da mayor importancia al componente social en el cual el comportamiento del individuo o del grupo social se toma como un sistema teleológico, con fines, con voluntad, un sistema pleno de propósitos, capaz de desplegar comportamientos, actitudes y aptitudes múltiples (Herrscher, 2005).

Sin embargo, no basta con describir al comportamiento sino hay que explicarlo para conocerlo y darle su propia dimensión e interpretación. Así, un sistema suave es un sistema con propósitos, que no solo es capaz de escoger medios para alcanzar determinados fines, sino que también permite seleccionar y cambiar sus fines. En estos sistemas se dificulta la determinación clara y precisa de los fines en contraste a los sistemas duros. Los problemas en los sistemas suaves no tienen estructura fácilmente identificable más eso no significa que no se puedan estudiar.

Por tanto, los sistemas suaves al estar enfocados en el análisis y síntesis de los fenómenos que se generan en las ciencias sociales y ciencias del comportamiento, se habla necesariamente del hombre y sus organizaciones, en donde éste es un componente del sistema y la forma en que se organiza e interrelaciona con los diversos elementos.

A continuación, se presenta un cuadro comparativo el cual enuncia las principales características entre los sistemas duros y suaves (Tabla 3):

Tabla 3.
Sistemas duros vs sistemas suaves

COMPONENTE	Duro	Suave
Aplicación	Problema Bien definido, estructurado, con objetivos definidos	Situación – Problema Desordenado / problemático / no estructurado
Propósito	Solucionar el problema	Estructurar el problema, o mejorar la situación
Pregunta	¿Cómo?	¿Qué? ¿Cómo?
Sistemas	Existentes en el mundo real	Holones, sistemas nocionales, que no son descripciones de actividades verdaderas del mundo real, sino que son tipos idealizados para usar en un debate sobre posibles cambios que pueden realizarse en una situación problema del mundo real.
Organización	Establecida	A ser negociada
Metodología	Uso de modelos analíticos (lógico/matemáticos) y de lenguajes de modelamiento	Modelos Conceptuales
Rol del ingeniero en sistemas	Experto	Facilitador
Resultado	El producto/la recomendación	Un proceso de aprendizaje, un plan de acción.

Fuente: Elaboración propia

De esta manera, en la Teoría de Sistemas se define a un sistema como un conjunto de elementos interrelacionados entre sí que buscan lograr un objetivo. Con base en esta definición, se tiene que tanto los sistemas duros como los blandos son conceptualizados en el mismo sentido. La diferencia sustancial se encuentra en la metodología que se aplica en donde el análisis, el diseño e implementación tienen características distintas.

Así, los sistemas duros se enfocan al análisis de problemas que tienen una solución única y bien definida, la cual se traduce siempre en términos cuantitativos como el establecimiento de metas.

En cambio, los sistemas suaves se orientan a la evaluación de las actividades realizadas por los individuos en donde se generan situaciones no estructuradas, las cuales no presentan una única respuesta. Así, dichos sistemas estudian lo que se conoce como problemas no estructurados, los cuales poseen una diversidad de metas, fines y soluciones. Por tanto, bajo esta perspectiva lo que se analiza es una situación – problema, la cual se entiende como el conjunto de problemáticas que se generan en un sistema en interrelación con el entorno al que pertenece la organización.

Por consiguiente, los sistemas suaves se han constituido como una alternativa metodológica que permite no sólo la identificación de las principales características de un fenómeno sino además posibilita la contextualización del mismo, por lo que es una propuesta susceptible de ser utilizada para el ámbito de la evaluación educativa.

CAPÍTULO 4

LOS SISTEMAS SUAVES EN EL ÁMBITO DE LA EVALUACIÓN EDUCATIVA

Los procesos educativos que se generan durante el diseño e implementación de un programa académico son relevantes no sólo en la formación integral de los estudiantes, sino porque también incluyen a otros agentes como son los profesores, directivos y personal de apoyo o administrativo. Asimismo, para la operación de dicho programa es imprescindible considerar los recursos materiales como es el caso de la infraestructura de apoyo y equipamiento. En este sentido, los SSM en su enfoque holístico consideran estos componentes para llevar a cabo la evaluación en forma sistémica.

4.1. Origen y características

Con base en las consideraciones de Checkland (1981), quien realizó una investigación sobre la aplicación del pensamiento de sistemas duros a sistemas de tipo administrativo y social, surgió la Metodología de los Sistemas Suaves (SSM por sus siglas en inglés: *Soft System Methodology*). Dicha metodología está basada en el paradigma del aprendizaje y asume la realidad como constantemente reconstruida en un proceso social de negociación, partiendo del hecho de que una organización no existe como un ente independiente, sino que es parte del sentido desarrollado por un grupo de personas comprometidas en un diálogo (Zexian, 2010).

De esta manera, los SSM es una metodología que tiene como objetivo introducir mejoras en áreas de interés social al activar entre la gente involucrada en la situación un ciclo de aprendizaje que idealmente no tiene fin. El aprendizaje se lleva a cabo mediante el proceso iterativo de usar conceptos de sistemas para reflexionar sobre y debatir las percepciones del mundo real, llevando a cabo acción en el mundo real, y de nuevo reflexionar sobre los sucesos que ocasionó el uso de los conceptos de sistemas. La reflexión y el debate se estructuran mediante algunos modelos sistémicos. Éstos se conciben como tipos holísticos ideales de ciertos aspectos de la situación problema, no como informes de ésta. Se asume como dado que no se puede proporcionar un objetivo y un informe completo de una situación problema.

4.2. Metodología de los Sistemas Suaves.

Esta metodología trabaja con las diferentes percepciones de una situación, definiendo un proceso sistémico de aprendizaje, en el cual diferentes puntos de vista son discutidos y examinados a objeto de definir acciones orientadas a su mejoramiento.

Con fundamento en esta metodología es posible identificar que su desarrollo se simplifica en dos partes: análisis y diseño (figura 8). En el análisis se tiene que diagnosticar la situación actual para poder determinar el estado que guarda el sistema sujeto de evaluación, para así estar en posibilidades de identificar los subsistemas y tratarlos para lograr mejores resultados.

Figura 8.
El proceso de la metodología de los sistemas suaves

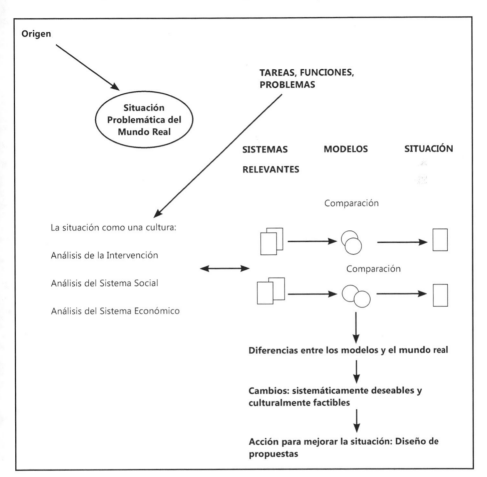

Fuente: Elaboración propia

Así, el análisis evaluativo se realiza con base en tres criterios básicos:

- *Eficacia*: Permite verificar si los medios elegidos funcionan realmente en la generación de la salida.
- *Eficiencia:* Observa si la transformación se está llevando a cabo con un mínimo de recursos.
- *Efectividad*: Una transformación que funciona y utiliza recursos mínimos podría considerarse todavía como no exitosa, si ésta no estuviera logrando el objetivo a largo plazo.

Específicamente, la metodología de Checkland (2002) puede describirse, de manera resumida como un proceso de siete etapas de análisis que emplean el concepto de sistema de actividad humana como un medio que permite tanto investigar la situación como efectuar acciones para mejorarla.

La secuencia metodológica que se representa en la figura 9 proporciona el patrón de actividades a seguir y no necesariamente la secuencia en que se usa, tampoco se restringe su utilidad al uso de todos y cada uno de sus pasos, sino que se adaptan éstos y su secuencia dependiendo de la situación a resolver (Huaxia, 2010).

Figura 9.
Metodología de Sistemas Suaves

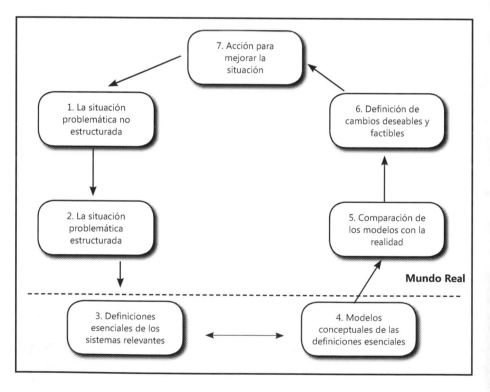

Fuente: Elaboración propia

Así, las siete etapas de esta metodología son:

1. Investigar el problema no estructurado: Se orienta a la delimitación del sistema que se va a estudiar, así como a definir el entorno en que interactúa.

2. Expresar la situación del problema a través de "gráficas enriquecidas". Las gráficas enriquecidas son los medios para capturar tanta información como sea posible referente a la situación problemática. Una gráfica enriquecida puede mostrar límites, la estructura, flujos de información y los canales de comunicación. Pero particularmente muestra el sistema humano detrás de la actividad (Jianmei, 2010). Éste es el elemento que no está incluido en modelos como diagramas de flujo.

3. Definiciones de fondo de los sistemas relevantes. Las definiciones de fondo se escriben como oraciones que elaboran una transformación. Hay seis elementos que definen como bien formulada a una definición de fondo. Se resumen en las siglas: CATWOE.

   - **C**ustomers = Clientes: Son todos aquellos que pueden ganar un beneficio del sistema son considerados clientes del mismo.
   - **A**ctors = Actores: Los agentes transforman las entradas en salidas y realizan las actividades definidas en el sistema.
   - **T**ransformation = Transformación: Muestra la conversión de entradas en salidas.
   - **W**eltanschauung = Visión del mundo: Hace el proceso de transformación significativo en el contexto.
   - **O**wners = Propietarios: Todos sistema tiene un dueño, que tiene el poder de comenzar y de cerrar el sistema.
   - **E**nvironment = Ambiente: Son los elementos externos, que deben ser considerados, incluyen políticas organizacionales, aspectos legales y éticos.

4. Modelos conceptuales: Concepto formal del sistema y el otro sistema estructurado.

5. Comparación de la etapa 4 con la etapa 2.

6. Cambios factibles, deseables.
7. Acción para mejorar la situación problemática.

Los elementos especificados conforman una lista de verificación útil para probar que se tiene una definición raíz válida correspondiente a una situación planteada. A excepción de los elementos identificados con las siglas T y W, los cuales no pueden ser omitidos en ningún caso, no es preciso que cada uno de los elementos de la lista se encuentre presente en la definición raíz, pero sí es necesario que si se ha omitido alguno, se haya hecho en forma consciente.

En este sentido, cuando se habla de Ciencias Sociales y Ciencias del Comportamiento se habla necesariamente del hombre y sus organizaciones por lo que es una característica que se encuentra en casi todo tipo de sistema blando: El hombre es un componente del sistema y la forma en que se organiza e interrelaciona con los diversos elementos.

En este sentido, la SSM es un proceso que en la actualidad ha tomado mayor auge en el ámbito educativo, ya que considera a todos los involucrados en el problema a diagnosticar, llevando a cabo acciones holísticas desde un enfoque hermenéutico, cuyo término refiere a la interpretación desde la percepción empirista del sujeto interviniente (Barranco, 2002).

4.3. Propuesta metodológica de evaluación de programas educativos con base en SSM

Para utilizar la metodología de los SSM, es necesario diseñar una guía de evaluación que sirva de orientación para obtener la información correspondiente, así como diseñar los instrumentos correspondientes para así estar en posibilidades de emitir los juicios de valor basados en los criterios y parámetros respectivos.

De este modo, dicha guía se presenta en la figura 10:

Figura 10. Guía de evaluación

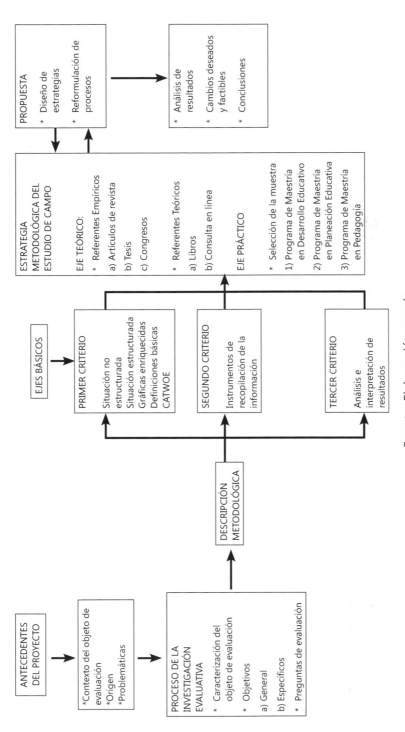

Fuente: Elaboración propia

Ahora bien siguiendo la SSM, es necesario considerar la información documental analizada y la cosmovisión del investigador sobre el análisis de la evaluación de programas educativos que se gestan al interior de las instituciones. Por lo que es necesario determinarlo mediante uso de elipses, en el cual en el punto central se determina el objeto de estudio, y que para este caso son los programas educativos y consecutivamente en forma ascendente se determinan aquellos organismos que tienen una injerencia directa con éste (figura 11).

Figura 11. Situación del problema no estructurado

MERCADO LABORAL

ORGANISMOS EVALUADORES

INSTITUCIONES EDUCATIVAS

PLANES Y PROGRAMAS DE ESTUDIO

Fuente: Elaboración propia

De acuerdo con lo anteriormente mencionado, los programas educativos, se encuentran avalados de forma directa por la SEP (Secretaría de Educación Pública) en primera instancia, así como por la COPAES (Consejo para la Acreditación de la Educación Superior); este organismo acredita programas académicos con la finalidad de reconocer y asegurar la calidad de la educación superior cuyo precedentes son los procesos de evaluación que tomaron mayor fuerza en los 80´s, con base en el Programa de Modernización Educativa (1989 – 1994), apoyados internacionalmente por la UNESCO (Organización de las Naciones Unidas para la Educación, la Ciencia y la Cultura) y la OCDE (Organización para la Cooperación y Desarrollo Económico), y los CIEES (Comités Interinstitucionales para la Evaluación de la Educación Superior). Todos estos organismos forman parte del medio ambiente, aunado al mercado laboral.

Por otro lado se encuentran las IES, mismas que ofertan un conjunto diverso de programas de estudio en diferentes áreas del conocimiento, por lo que se hace necesario identificar los involucrados para formarse una mayor perspectiva de la situación y así modelar y proponer la planeación del sistema, los cuales son:

a) Programas de estudio

Lo positivo: Ofrecen diversidad de formaciones en cuanto a diferentes áreas del conocimiento.

Lo negativo: No son acordes a las demandas del campo laboral; no existe una evaluación continua o seguimiento de éstos; no se aplica la metodología propuesta por los programas de estudio y ocasionalmente no existe coherencia entre los objetivos, la metodología, el modelo educativo, por mencionar algunos.

b) Instituciones Educativas:

Lo positivo: Ofertan variadas carreras, basándose en los programas de estudio y son creadas para la formación en diversas habilidades, capacidades y aptitudes de los jóvenes que en ellas estudian.

Lo negativo: Las personas encargadas de su elaboración, ocasionalmente nada tienen que ver con el área de los programas educativos; los docentes encargados de ser facilitadores, comúnmente hacen caso omiso a los contenidos; los cuerpos docentes, no se encuentran actualizados en cuanto al adecuado manejo y ejecución de los programas de estudio; no se da una supervisión por parte de la institución en cuanto a aplicar adecuadamente los programas educativos; no realizan evaluaciones periódicas de los programas de estudio; no se aplican seguimiento a los programas para conocer los efectos que han tenido en cuanto a la formación de los jóvenes y a la coherencia de éstos en cuanto al mercado de trabajo y se "fabrican" evidencias, que no son acordes a la realidad de la institución y menos aún a las instalaciones y formación docente, para la ejecución de programas de estudio.

c) Organismos Evaluadores:

Lo positivo: Cuentan con modelos de trabajo bien planificado, sistematizado para la evaluación de programas educativos;

coadyuvan en la tarea de auditar y recomendar acciones correctivas de programas de estudio y cuentan con estándares nacionales e internacionales.

Lo negativo: Cada organismo cuenta con su propio modelo de evaluación; refieren a evaluación y medición de resultados en cuanto al ámbito cuantitativo; no existen evaluaciones y supervisiones físicas de las instalaciones, equipamiento, funcionalidad, de éstos como parte fundamental de la aplicación de los programas educativos; se versa sobre un término de calidad, cuyo significado es muy laxo e incongruente con los aspectos evaluativos y se evalúan principalmente procesos y demandan presentación de evidencias que comprueben que las IES cuentan con lo necesario para la aplicación eficiente de los programas de estudio.

d) Mercado Laboral:

Lo positivo: Ofrecen diversidad de funciones y cargos en el campo de trabajo; benefician a la sociedad y a la economía de una nación y demandan día con día, mejores profesionales.

Lo negativo: Los sueldos no son acordes a las carreras estudiadas; los cargos que ofrecen a los profesionales son de baja responsabilidad; tienen una ideología respecto al género y formación de los profesionales y las contrataciones a profesionales dependiendo del prestigio de la universidad que egresan.

Con base en la información anterior, el componente central de la situación no estructurada son los programas educativos, mismos que dependen de su funcionamiento y ejecución tanto de las IES, los organismos que los evalúan, verificando éstos la coherencia, eficiencia y eficacia, para el logro de la calidad educativa y aunado a ello se encuentra el mercado laboral, quienes son los responsables de dar cabida a los futuros profesionales quienes se accederán a cargos y puestos de trabajo diferenciados.

Por su parte, la situación del problema expresado: En esta etapa se desarrolla una descripción detallada, una "visión enriquecida" en donde se vierten dos enfoques importantes, en primer lugar el lógico y el segundo cultural, dentro de la cual ocurre el problema.

En la tabla 4, se muestran las definiciones del sistema, del entorno y sus interrelaciones de forma descriptiva y de acuerdo a dichas definiciones en las figuras 11 y 12, se plantean tanto la visión rica del sistema como del entorno.

Tabla 4.
Definiciones

	Programa educativo		**Población demandante de educación**
	Institución educativa		**Autoridades institucionales**
	Alumnos		**Egresados**
	Profesores		**Oferta educativa**
	Campo Laboral		**Organismos evaluadores**
	Financiamiento para autoevaluación		**Modelos de evaluación de organismos evaluadores**
	Evaluación del programa		**Elementos de programa**
	Seguimiento de programa		**Creación de evidencias**
	Revisión de programas educativos		**Mediciones**
	Desarrollo de habilidades y capacidades		**Oferta de diversidad de carreras**
	Formación de profesionistas críticos		**Propuestas de programas acordes al mercado laboral**
	Autoevaluación		**Resistencia al cambio**

Fuente: Elaboración propia.

Cada una de las definiciones raíz, permiten construir una visión enriquecida del sistema en el cual se ubican los programas educativos y los elementos que giran alrededor de éstos, cuyo principal fin es mostrar la realidad del objeto de estudio. Lo que da pauta a la elaboración de una visión enriquecida del entorno, es decir de una forma más puntual y real de la situación problema, en la que se involucran todas las definiciones raíz, y en el cual se interrelacionan de forma constante en cuanto a estructuras, procesos, sujetos y entorno, enriqueciendo con ello la problemática cuyo fin es diagnosticar e identificar los posibles cambios en torno a éste.

Figura 12.
Visión enriquecida del sistema

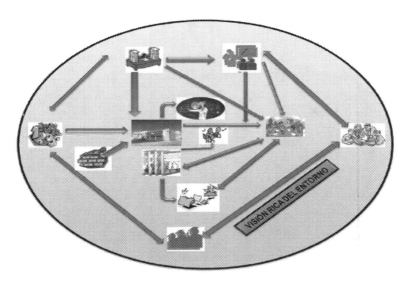

Fuente: Elaboración propia.

Figura 13.
Visión enriquecida del entorno.

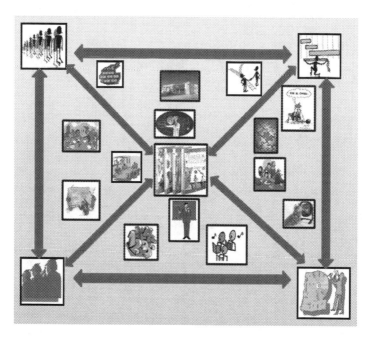

Fuente: Elaboración propia.

Se puede apreciar que los programas de estudio son ofrecidos en diversas instituciones educativas, cada una de ellas ofertan carreras de diversas índoles y en múltiples áreas del conocimiento, mismos que se establecen con base en metodologías didácticas, con objetivos en algunos momentos no muy bien definidos, sin embargo aunado a ello las instituciones crean sus programas educativos con base en la experiencia laboral de sus administrativos y docentes que ocasionalmente llegan a no poseer una experiencia laboral que les permita aplicar sus conocimientos en la estructuración de los programas, por lo que les imprimen un tinte escueto en cuando a contenidos refiere y peor aún cuando no poseen la formación psicopedagógica y la experiencia necesaria en la creación de programas educativos.

Asimismo, los organismos responsables de la supervisión y evaluación de éstos programas, tan sólo se quedan en procesos "evaluativos" que sobre todo califican la "eficiencia" de éstos y de la acumulación de "evidencias" que comúnmente son creadas por la institución educativa y así aprobar el proceso evaluativo, dejando de lado el fin de la universidad y de los programas educativos.

Por lo que al mercado laboral refiere, éste ofrece a los egresados de instituciones educativas, sueldos y salarios bajos e incluso los profesionales devalúan su formación contratándose en ocasiones en organizaciones que nada tienen que ver con la formación profesional en la que se prepararon. Esto refleja que los planes y programas no están actualizados en cuanto a las demandas del campo laboral y aunado a ello es responsabilidad de la universidad crear procesos de autoevaluación periódicas, que reflejen la eficiencia y eficacia de sus programas, para de esta manera lograr la calidad educativa que el mundo globalizado requiere.

De esta forma, el CATWOE es el siguiente:

C= Cliente. Son todos aquellos que se beneficiaran con el sistema, en este caso de estudio son: 1) Alumnos que desean ingresar a la institución educativa, para formarse en un área de conocimiento específica y 2) Los egresados de las instituciones educativas, quienes contaran con una formación de calidad.

A= Agentes o actores, quienes se encargaran de la transformación de las entradas de información en salidas: 1) La institución educativa con su organización académico – administrativa; 2) Los programas de estudio, al ser planteados de forma adecuada y creada entre pares, cuya función es proveer de las herramientas necesarias para obtener el fin de éste en cuanto a la función social que tiene y 3) Cuerpos Académicos, cuya función principal es proveer el andamiaje necesario a los estudiantes de modo tal que éstos hagan la construcción de conocimientos.

T= Transformación. Es el proceso de la conversión de entrada en salida (figura 14).

Figura 14.
Transformación

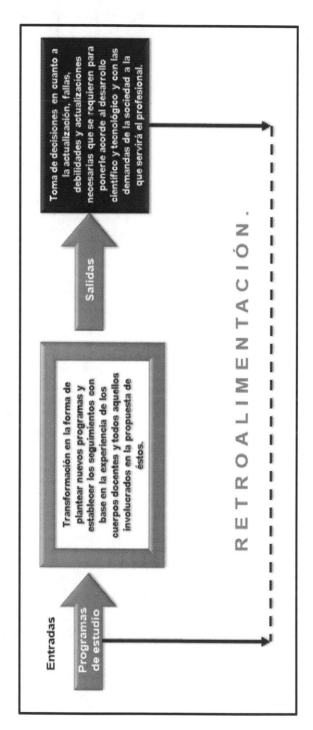

Fuente: Elaboración propia.

W= Es la expresión alemana para la visión del mundo, es decir, es la visión resumida de los involucrados en cuanto a los sistemas relevantes (tabla 5).

Tabla 5
Visión del mundo

Involucrados	Visión positiva	Visión negativa
Organismos Evaluadores (Nacional)	Regulan los planes y programas. Cuentan con objetivos planteados para su función evaluadora Proponen diferente modelos de evaluación. Dependen de un organismo federal como parte de la regulación de éstos.	Existen pero no dan seguimiento a programas y planes de estudio. Las evaluaciones son más cuantitativas que cualitativas. No se realizan evaluaciones y/o supervisiones por iniciativa de los organismos. Los fines evaluativos no son congruentes con su misión institucional. Las evaluaciones comúnmente se llevan a cabo, con base en evidencias
Organismos Internacionales (evaluadores)	Son organismos de relevancia mundial. Cuentan con una visión globalizadora. Se encuentran actualizados en cuanto a las necesidades de la sociedad del conocimiento. Proponen estándares internacionales de evaluación de programas educativos.	1. Los parámetros de medición, no son acordes a la realidad social de México. 2. No se da la evaluación física, sino por evidencias y procesos. 3. Los estándares propuestos se encuentras descontextualizados. 4. Técnicamente no se da una relación estrecha con los organismos nacionales en cuanto a la supervisión, evaluación y corroboración de la información dada por las instituciones educativas.
Mercado de Trabajo	Ofrecen diversidad de funciones y cargos en el campo de trabajo. Benefician a la sociedad y a la economía de una nación. Demandan día con día, mejores profesionales.	Los sueldos no son acordes a las carreras estudiadas. Los cargos que ofrecen a los profesionales son de baja responsabilidad. Tienen una ideología respecto al género y formación de los profesionales. Contrataciones a profesionales dependiendo del prestigio de la universidad que egresan.

Fuente: Elaboración propia

Ahora bien, después de haber desarrollado los modelos conceptuales, la visión enriquecida del entorno y la visión rica del sistema se procede a la comparación de éstos, para determinar las situaciones que actualmente se encuentran establecidas y aquellas que no se encuentran en la realidad, para de esta forma proponer la relaciones existentes y las posibles relaciones, en cuanto a la realidad que vive el problema.

Así, se aprecia la situación que viven las instituciones en cuanto a la evaluación de los programas educativos y el mundo ideal, dicha comparación permite abrir un panorama más amplio respecto a la realidad en la que se ubica el objeto de estudio. Si bien esta visión amplia, permite a su vez proponer cambios que sean factibles por un lado y deseables por otro. Dicha acción conlleva a desarrollar actitudes y acciones de cambio en aquellos involucrados en éste. Es decir, la implantación de cambios, que fueron detectados en la etapa 6.

Comprende la puesta en marcha de los cambios diseñados, tendiente a solucionar la situación del problema, y el control de los mismos, pero no representa el fin de la metodología, pues en su aplicación se transforma en un ciclo de continua conceptualización y habilitación de cambios, siempre tendiendo a mejorar la situación.

Dichos cambios pueden ser de tres tipos: 1) Cambio estructurales: Son los cambios realizados en las partes estáticas del sistema; 2) Cambios en los procedimientos: Son los cambios en los elementos dinámicos del sistema y 3) Cambios en la actitud: Son los cambios en el comportamiento del sistema.

Asimismo, existen cambios factibles y deseables: En este apartado, se hace la referencia aquellos que deben realizarse de acuerdo al comparativo entre la etapa 4 y 2, del cual se proponen las modificaciones necesarias, con base en los tiempos necesarios.

Es por ello, que esta metodología, se presenta como una alternativa dentro de los modelos evaluativos, cuyo fin es identificar los elementos que conforman el programa educativo, recabando información de orden cualitativo y cuantitativo, haciendo de estos datos complementarios, para emitir juicios de valor que permitan proporcionar cambios necesarios y consecuentes en la evaluación de programas (Cardoso, Ramos y Tejeida, 2009).

CAPÍTULO 5

EVALUACIÓN SISTÉMICA DE PROGRAMAS DE POSGRADO

El posgrado surge en México en la década de los treinta del siglo XX como respuesta educativa ante los continuos avances sociales, científicos y tecnológicos que se estaban generando en el país. Ante esta situación, la UNAM en 1929, decidió establecer en la Facultad de Filosofía y Letras las primeras disposiciones legales por lo que los grados de doctor y maestro, se comenzaron a otorgar de manera continua a partir de 1932. Desde ese momento, surge en el país un nuevo nivel educativo, el cual se fue configurando a partir de las demandas realizadas por los sectores productivo y de servicios, los cuales fueron exigiendo que el posgrado proporcionara la participación activa del estudiante en la generación de conocimientos, con el propósito de que éste adquiera el hábito, el rigor y la seguridad intelectual que exige su incorporación en las actividades profesionales de manera competente.

Con base en lo anterior, al posgrado se le concibe como la formación de nivel avanzado cuyo propósito central es la preparación para la docencia, la investigación, la aplicación tecnológica o el ejercicio especializado de una profesión, el cual se encuentra integrado por tres niveles: especialización, maestría y doctorado.

5.1. Diagnóstico de los posgrados en el área de Ciencias Sociales (C.S.) y Administrativas en el CONACyT

Los posgrados en C.S. y Administrativas presentan una función importante para el desarrollo económico, político y social del país. Varios de ellos se enfocan al estudio de problemáticas regionales o específicas, lo cual les permite diseñar e implementar estrategias de solución acordes al contexto en el que se desenvuelven. Mientras que otros, están encargados de la formación, capacitación y actualización de los recursos humanos tanto de organizaciones privadas como públicas en un campo específico con la finalidad de fortalecer y optimizar su desempeño laboral, por lo que es importante identificar la situación que guardan con respecto a su acreditación como de calidad por parte del Consejo Nacional de Ciencia y Tecnología (CONACyT) mediante el Programa Nacional de Posgrados de Calidad (PNPC).

Tabla 6
Programas de posgrado en C.S. y Administrativas registrados en el PNPC

VERTIENTE		DOCTORADO	MAESTRIA	ESPECIALIZACION	TOTAL
PNP	Competencia Internacional (CI)	5 de 54 (9%)	10 de 68 (15%)	0 de 2 (0%)	15 de 124 (12%)
	Consolidado	15 de 175 (9%)	42 de 305 (14%)	1 de 100 (1%)	58 de 580 (10%)
PFC	En Desarrollo	14 de 103 (14%)	49 de 59 (83%)	9 de 59 (15%)	72 de 221 (33%)
	Reciente Creación	21 de 92 (23%)	17 de 96 (18%)	1 de 92 (1%)	39 de 280 (14%)

Fuente: CONACyT (2012). Programa Nacional de Posgrados de Calidad. Programas vigentes 2012. En http://www.conacyt.gob.mx/Becas/Calidad/ Documents/Listado_PNPC_2012.pdf, 15 de junio de 2013.

A partir de la tabla 6, solamente han sido reconocidos en el PNPC del CONACyT, 184 de los 1,205 programas acreditados, lo que representa el 15%. Asimismo, en el Padrón Nacional de Posgrado (PNP) en el nivel de Competencia Internacional (CI) existen solamente 15 de los 124 programas registrados (12% del total). De forma similar, se encuentran los catalogados como Consolidados con el 10%. Lo anterior significa, que en esta área del conocimiento, se cuenta con una participación baja de programas competitivos en el ámbito internacional, siendo este campo los responsables de la generación de recursos humanos no sólo para el sector productivo sino también de servicios, por lo que es necesario el establecimiento de una metodología que permitan evaluar de una forma idónea la calidad de estos programas, sobre todo porque poseen un alto componente social y humano en sus procesos formativos.

Por su parte, en la vertiente de Programa de Fomento a la Calidad (PFC), el total de los programas que están inscritos son 501 de los cuales sólo 111 corresponden a posgrados en C.S. y Administrativas representando el 22%, lo cual también es una proporción mínima en comparación con el total de programas registrados correspondientes a otras áreas del conocimiento como son Ingeniería, Medicina, Matemáticas, Ciencias de la Salud, Biotecnología, entre otras, significando una formación de investigadores de calidad reducida a nivel nacional, y que impacta fuertemente en la generación de conocimiento científico, social, humanístico y de innovación para el país.

Asimismo, este panorama de estos posgrados en el PNPC puede explicarse debido a que el CONACyT ha establecido criterios de evaluación enfocados en nociones restringidas relacionadas con las necesidades del aparato productivo y con la productividad tecnológica, los cuales son aspectos relacionados directamente con las ciencias naturales y exactas e ingeniería, relacionando la calidad y eficiencia con estas áreas. En este sentido, los estándares establecidos en este programa y la evaluación hecha por éste son iguales para todas las áreas del conocimiento, sin considerar su naturaleza y orientación específica.

Por tanto, existen diversos indicadores que no miden adecuadamente a estos posgrados en ciencias sociales y administrativas, como son los criterios de eficiencia terminal, las publicaciones conjuntas alumno/profesor; la realización de investigaciones alumno/profesor y la vinculación con el sector de servicios, por lo que la posibilidad de ser acreditados por el CONACyT disminuye. En este sentido, es recomendable establecer criterios e indicadores para cada campo de conocimiento, los cuales consideren la naturaleza y orientación de los programas de posgrado, así como establecer acuerdos institucionales con la finalidad de consolidar los posgrados a nivel nacional y posteriormente a nivel internacional a partir de la mejora de su calidad y pertinencia con las necesidades sociales, económicas y culturales del país.

Lo anterior se corrobora por la participación de investigadores miembros del SNI, los cuales se distribuyen del siguiente modo: Se presenta que la participación de los investigadores que pertenecen al área 5 que es la relacionada con las C.S. está en tercer lugar con el 15% del total, lo que aunado con la presencia en el primer lugar con aquellos que tienen la distinción de nivel 1 que representa el 9%, se genera la situación interesante de que son recursos humanos que han demostrado una calidad académica en los diversos componentes que evalúa el CONACyT en el ámbito de la investigación, por lo que es una evidencia de que los posgrados de estas áreas están en posibilidad de acreditarse favorablemente.

5.2. Propuesta de evaluación de los posgrados en ciencias sociales y administrativas a partir de los SSM

Se presenta una propuesta basada en la metodología de los SSM que permita evaluar los posgrados en C.S. y Administrativas en su organización académico administrativa para así estar en posibilidades de lograr un mayor número de programas acreditados en el PNPC. Con base en dicha metodología, es necesario analizar a dichos posgrados con la finalidad de determinar su situación, mediante el empleo de elipses en donde el nodo central constituye el objeto de estudio. Consecutivamente, en forma ascendente, se deben establecer aquellos organismos que tienen una injerencia directa en el proceso (figura 15).

Figura 15
Situación del problema no estructurado

Fuente: Elaboración propia.

Dichos posgrados se encuentran certificados directamente por el CONACyT, el cual acredita los programas académicos con la finalidad de reconocer y asegurar la calidad. Por otro lado se encuentran las IES tanto públicas como privadas, las cuales ofertan diversos programas de posgrado. Dichas entidades forman parte del medio ambiente, en conjunto con el sector de servicios.

De esta manera, el elemento central de la situación no estructurada son los posgrados en C.S. y Administrativas, los cuales dependen de su implementación de las IES, y de los organismos que los evalúan. Éstos verifican la coherencia, eficiencia y eficacia, para el logro de la calidad educativa. Además se encuentra el mercado laboral, responsable de dar cabida a los futuros profesionales quienes accederán a cargos y puestos de trabajo. Se pasa luego a la situación problema específico.

En esta etapa se desarrolla una descripción detallada, una *visión enriquecida*, dentro de la cual ocurre el problema. En la tabla 7, se aprecian las definiciones del sistema, del entorno y sus interrelaciones. De forma descriptiva y de acuerdo a dichas definiciones, en las figuras 16 y 17, se plantea la visión rica del sistema y del entorno.

Figura 16.
Visión enriquecida del entorno

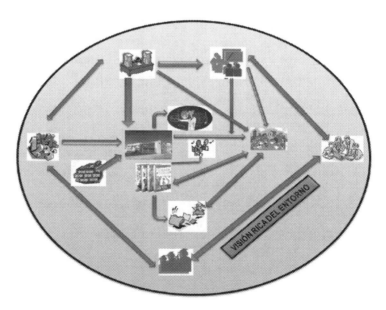

Fuente: Elaboración propia

Figura 17
Visión enriquecida del sistema

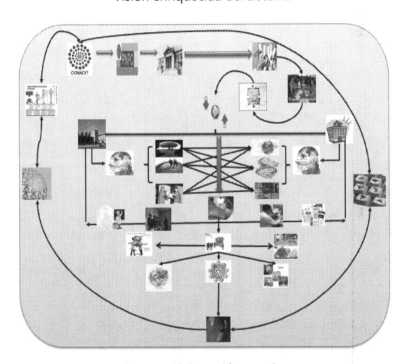

Fuente: Elaboración propia

Tabla 7.
Definiciones del sistema y entorno

	Programa educativo		Población demandante de educación
	Institución educativa		Autoridades institucionales
	Alumnos		Egresados
	Profesores		Oferta educativa
	Campo Laboral		Organismos evaluadores
	Financiamiento para autoevaluación		Modelos de evaluación de organismos evaluadores
	Evaluación del programa		Elementos de programa
	Seguimiento de programa		Creación de evidencias
	Revisión de programas educativos		Mediciones
	Desarrollo de habilidades y capacidades		Oferta de diversidad de carreras
	Formación de profesionistas críticos		Propuestas de programas acordes al mercado laboral
	Autoevaluación		Resistencia al cambio

Fuente: Elaboración propia

Cada una de las definiciones – raíz permite construir una visión enriquecida del sistema (figura 16) con la cual se ubican los posgrados en C.S. y Administrativas y los elementos que giran alrededor de éstos.

Su principal objetivo es brindar un panorama de la realidad del objeto de estudio, lo que da pauta a la elaboración de una visión enriquecida del entorno (figura 17). En ella se involucran todas las definiciones – raíz, y se interrelacionan de forma constante en cuanto a estructuras, procesos, sujetos y entorno; se enriquece así, la problemática cuyo fin es diagnosticar e identificar los posibles cambios.

De acuerdo con lo anterior, el CATWOE correspondiente para estos posgrados es el siguiente:

- **C** = Cliente. Para el caso de la presente propuesta: i) alumnos que desean ingresar a la institución educativa para formarse en un área específica de posgrado y, ii) egresados de las instituciones educativas, quienes contarán con una formación de calidad.
- **A** = Agentes o actores. Encargados de la transformación de las entradas de información en salidas: i) la institución educativa con su organización académica – administrativa; ii) los programas de estudio y, iii) los cuerpos académicos o núcleos académicos básicos.
- **T** = Transformación. Es el proceso de la conversión de entrada en salida (figura 18).

Figura 18.
Transformación

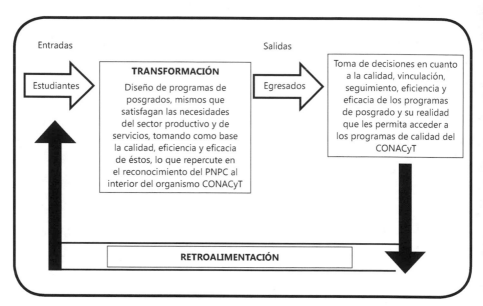

Fuente: Elaboración propia

- **W =** Expresión alemana para la visión del mundo, en donde se aprecia la situación que viven los posgrados en cuanto a la evaluación de sus programas educativos y el mundo ideal. La comparación permite abrir un panorama más amplio respecto de la realidad en la que se ubica el objeto de estudio y proponer cambios que, de una parte, sean factibles y, de otra, deseables. Esto lleva a tomar actitudes y desarrollar acciones de cambio en los individuos involucrados en el proceso, es decir, la implantación de los cambios detectados en la etapa 6.
- **O=** El propietario, el tomador de decisiones, que en este caso las instituciones educativas quienes ofertan los posgrados en C.S. y Administrativas.
- **E =** Medio Ambiente. El entorno conformado por el presupuesto, normatividad educativa, marco legal.

Así, la etapa 4 está constituida por la elaboración de los modelos conceptuales, los cuales brindan el marco de referencia de lo que es recomendable que se implemente para los posgrados en C.S. y Administrativas (figuras 19 y 20).

Figura 19
Modelo Conceptual (Actors = Actores)

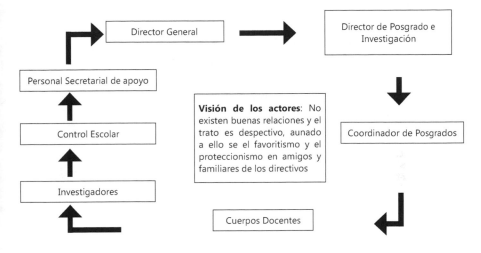

Fuente: Elaboración propia

Figura 20
Modelo Conceptual (Owners = Clientes)

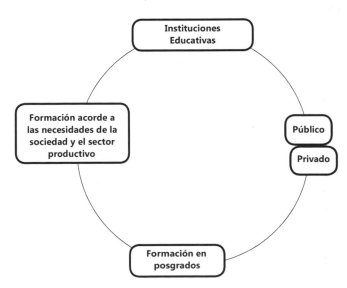

Fuente: Elaboración propia

La etapa 5, hace referencia a aquellos que deben realizarse de acuerdo al comparativo entre las etapas 4 y 2, al tiempo que se proponen las modificaciones necesarias con base en los modelos conceptuales.

La etapa 6 se enfoca a determinar los cambios factibles y deseables, siendo los principales:

a) Los cuerpos docentes o núcleos académicos básicos, presentan un perfil académico – laboral determinado y que es necesario que tengan una experiencia suficiente vinculada con el sector tanto productivo como de servicios;

b) Es determinante la elaboración de diversos productos académicos y que pertenezcan a una línea de generación y aplicación del conocimiento relacionada con el posgrado y al SNI;

c) La dirección de la institución, los cuales exteriorizan, que uno de los principales fines dentro de la IES es brindar opciones educativas a nivel posgrado por lo que es necesario delegar responsabilidades en los diferentes niveles jerárquicos para alcanzar la excelencia académica;

d) Para el personal administrativo, se requiere que cuente con una comunicación eficaz con los jefes inmediatos, así como proveer a la institución de un servicio eficiente dentro de sus propias áreas (biblioteca, hemeroteca, centro de cómputo, servicios escolares, entre otros) para dar una mayor atención a las prioridades y necesidades del posgrado en educación para su desarrollo óptimo, ya que constituyen la infraestructura y equipamiento para la operación del programa y,

e) El sector laboral, es necesario que se diseñen, establezcan y se implementen convenios con las IES que ofrecen posgrados en C.S. y Administrativas, para informar de las necesidades e innovaciones que requieren en cuanto a formación de profesionales en educación, así como conservar esa relación estrecha con dicho sector, por lo que es preciso considerar las condiciones del entorno en el que se contextualizan dichos posgrados (figura 21).

La etapa 7, pues, comprende la puesta en marcha de los cambios diseñados con el fin de solucionar la situación del problema; implica también el control de los mismos, pero no representa el fin de la metodología, pues en su aplicación se transforma en un ciclo de continua conceptualización y habilitación de cambios, siempre tendiendo a mejorar la situación.

Figura 21
Modelo Conceptual (Environment – Entorno)

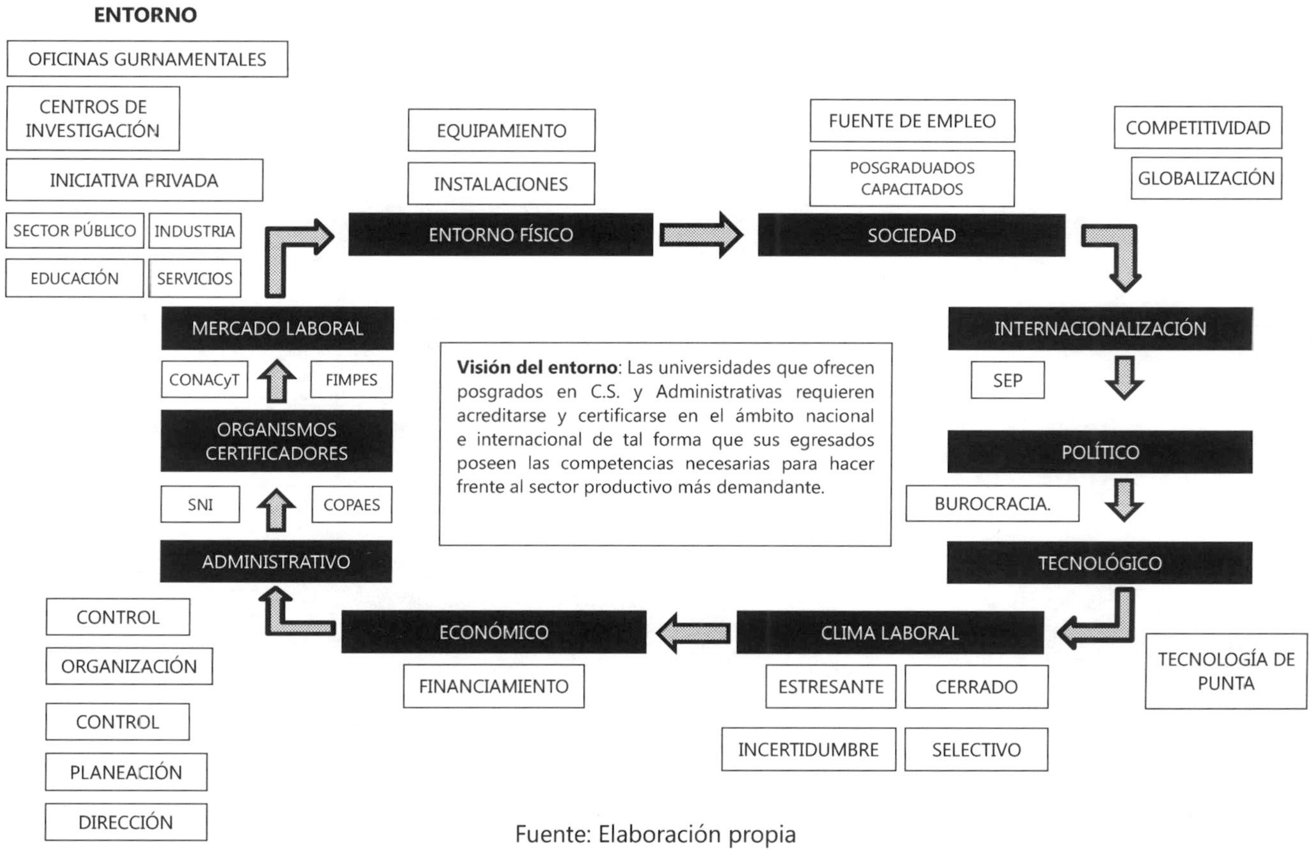

ENTORNO

- OFICINAS GURNAMENTALES
- CENTROS DE INVESTIGACIÓN
- INICIATIVA PRIVADA
- SECTOR PÚBLICO
- EDUCACIÓN
- INDUSTRIA
- SERVICIOS

MERCADO LABORAL

ORGANISMOS CERTIFICADORES
- CONACyT
- FIMPES

ADMINISTRATIVO
- SNI
- COPAES

CONTROL
ORGANIZACIÓN
CONTROL
PLANEACIÓN
DIRECCIÓN

ECONÓMICO
- FINANCIAMIENTO

ENTORNO FÍSICO
- EQUIPAMIENTO
- INSTALACIONES

Visión del entorno: Las universidades que ofrecen posgrados en C.S. y Administrativas requieren acreditarse y certificarse en el ámbito nacional e internacional de tal forma que sus egresados poseen las competencias necesarias para hacer frente al sector productivo más demandante.

SOCIEDAD
- FUENTE DE EMPLEO
- POSGRADUADOS CAPACITADOS

INTERNACIONALIZACIÓN
- COMPETITIVIDAD
- GLOBALIZACIÓN

POLÍTICO
- SEP
- BUROCRACIA.

TECNOLÓGICO
- TECNOLOGÍA DE PUNTA

CLIMA LABORAL
- INCERTIDUMBRE
- ESTRESANTE
- CERRADO
- SELECTIVO

Fuente: Elaboración propia

A partir de la figura 21, se elaboró la siguiente propuesta de indicadores. El orden en que se presentan éstos no implica jerarquización alguna, pues se considera que todos son necesarios y relevantes. También, cabe aclarar que estos indicadores se relacionan con un posgrado en C. S. y administrativas, el cual tiene características propias debido a la naturaleza de su objeto de estudio, el cual tiene una vital importancia para el desarrollo del país.

Por tanto, la presente propuesta se encuentra integrada en la tabla 8:

Tabla 8.

Propuesta de indicadores para evaluar a un programa educativo de posgrado con base en la metodología de los SSM

Perfil académico laboral de los docentes del programa — Criterio Eficiencia	Procesos de enseñanza aprendizaje — Criterio Eficacia	Infraestructura de apoyo — Criterio Eficiencia
• Proporción de profesores con estudios de posgrado. • Proporción de profesores con estudios de maestría. • Proporción de profesores con estudios de doctorado. • Proporción de profesores de tiempo completo, medio y parcial. • Proporción de profesores con nombramiento definitivo. • Proporción ce profesores inscritos en el SNI. • Años de servicio en el programa • Número de tesis dirigidas. • Número de participaciones como sinodal en los exámenes de grado. • Número de productos académicos elaborados por cada docente. • Número de libros o capítulos de libros elaborados por docente. • Número de informes de investigación educativa realizados por profesor. • Número de artículos publicados en revistas no arbitradas y arbitradas. • Número de participaciones en congresos nacionales e internacionales.	• Proporción de alumnos por curso que logra el nivel satisfactorio de aprendizaje • Porcentaje de objetivos del curso alcanzados. • Proporción de cursos del programa en los que se logra un aprendizaje satisfactorio. • Porcentaje de los objetivos de aprendizaje del currículo alcanzado por los estudiantes. • Número de alumnos por profesor en cada curso, distinguiendo entre tiempo completo, medio tiempo y parcial. • Proporción de grupos atendidos por docente. • Número de asignaturas distintas que imparte cada profesor. • Antigüedad del plan de estudio y de los programas curriculares de cada curso. • Número de líneas de investigación en el programa. • Proporción de profesores por línea de investigación. • Proporción total de profesores entre total de líneas de investigación. • Proporción de proyectos de investigación por programa y por línea de investigación. • Número de horas destinadas a asesorar a los alumnos. • Número de horas destinadas a actividades académicas. • Número de horas destinadas a la investigación.	• Número de aulas para la impartición de los cursos del programa. • Número de cubículos para uso de los docentes. • Proporción de cubículos con computadora para uso del docente. • Número de computadoras en el centro de cómputo. • Proporción de computadoras con software legalizado. • Proporción de computadoras con acceso a redes internacionales. • Proporción de computadoras con mantenimiento adecuado. • Número de recursos de apoyo audiovisuales en el programa. • Proporción de los recursos de apoyo audiovisual en óptimas condiciones. • Número de espacios para la realización de eventos académicos y juntas colegiadas. • Número de títulos con que cuenta la biblioteca • Porcentaje del acervo que se encuentra actualizado. • Porcentaje del acervo que está adecuado a la naturaleza del programa. • Porcentaje del acervo que está actualizado a la naturaleza del programa. • Número de títulos con que cuenta la hemeroteca. • Porcentaje del acervo hemerográfico que se encuentra actualizado. • Porcentaje del acervo hemerográfico que está adecuado a la naturaleza del programa. • Porcentaje del acervo hemerográfico que está actualizado a la naturaleza del programa.

Fuente: Elaboración propia

Tabla 8

Propuesta de indicadores para evaluar a un programa educativo de posgrado con base en la metodología de los SSM

(continuación)

Eficiencia terminal	Criterio Eficiencia	Vinculación con el sector de servicios	Criterio Pertinencia y Trascendencia	Medida en que se demandan sus servicios	Criterio Trascendencia
• Número de personas que obtienen el grado sobre el número de personas que iniciaron los estudios en cada generación.		• Número de alumnos que trabajan en las áreas de ciencias sociales y administrativas. • Proporción de alumnos que cubren el perfil de egreso del programa. • Proporción de alumnos que cubren los requerimientos del sector de productivo y de servicios.		• Proporción de alumnos que demandan ingresar al programa en comparación con otros semejantes.	

Fuente: Elaboración propia

Con base en la tabla 8, los indicadores se han organizado en seis apartados los cuales cada uno por su cuenta tienen como finalidad evaluar un aspecto relacionado con el programa educativo basado en la SSM. Estos apartados son los siguientes:

1) Personal académico: Estos indicadores miden el perfil académico laboral de los docentes en cuestiones tales como su máximo nivel de estudio, tipo de contratación, antigüedad, entre otros, así como la elaboración de productos académicos, la pertenencia a una línea de investigación y al SNI.

2) Procesos de enseñanza-aprendizaje: Los indicadores propuestos en esta categoría tiene la intención de valorar la proporción de alumnos que alcanzan los objetivos tanto a nivel curso como de programa, la proporción de alumnos por docente atendido, número de líneas y proyectos de investigación aunado al tiempo de dedicación al programa distribuido en docencia, investigación y otras actividades académicas.

De ahí, que dichos indicadores señalen la medida en que los alumnos del programa aprenden lo que el propio programa prometió que aprenderían, es decir, la medida en que los alumnos alcanzan los objetivos del currículum. Esta categoría está vinculada con la pertinencia científica, social y económica del currículum y según sea la forma en que se evalúa el aprendizaje de los estudiantes.

3) Infraestructura de apoyo: Estos indicadores tienen como finalidad principal el medir la suficiencia y la adecuación tanto de los cubículos, centro de cómputo, apoyo audiovisual, biblioteca y hemeroteca que permitan que el programa realice de manera correcta sus actividades de enseñanza-aprendizaje.

4) Eficiencia terminal: Es un indicador que valora el número de alumnos que se gradúan con respecto a los que iniciaron en la misma generación y es un elemento importante de la eficacia del programa porque el grado obtenido certifica la idoneidad del estudiante que labora en el sector de servicios.

5) Vinculación con el sector de servicios: Los indicadores que se proponen en este apartado tienen como propósito medir la pertinencia y trascendencia del programa durante la formación de los alumnos en relación con los requerimientos y necesidades del sector de servicios.

6) Medida en que se demandan sus servicios: Este indicador pretende evaluar la imagen del programa en comparación con otros similares con la idea de establecer que tan bueno o malo es el programa en términos de su reputación y fama pública.

CAPÍTULO 6

LA METODOLOGÍA DE LOS SISTEMAS SUAVES PARA LA EVALUACIÓN DE LOS PROGRAMAS DE TURISMO

En la actualidad el desarrollo de las naciones es de suma importancia sobre todo por el mundo globalizado en el que se vive, la cual requiere que los países posean día a día, diferentes formas de enfrentar los retos de las actividades económicas mundiales que de éstas emanan. El turismo no es la excepción, ya que demanda en todo momento acciones concretas por parte de los países respecto a diversificación de productos y servicios, desarrollo de nuevos complejos, diversificación de la oferta entre otras; para que todo ello sea una realidad, se requiere de la formación del recurso humano para hacer frente a los retos que la actividad solicita.

Por tanto, las IES deben adaptarse y constantemente actualizarse en cuanto a sus cuerpos docentes, instalaciones, equipamientos y organización institucional en coordinación con la gestión estratégica de la escuela.

De esta manera, se realizó una evaluación sobre los programas educativos de la licenciatura en turismo con base en la metodología de los SSM. La estructura y resultados del estudio se presentan a continuación:

6.1. Objetivo general

El objetivo de la investigación fue evaluar con enfoque sistémico a tres programas educativos de licenciatura en turismo con base en los criterios de certificación del CONAET y TedQual.

6.2. Metodología de investigación

Se trató de una investigación no experimental, evaluativa y descriptiva ya que se enfocó a observar las situaciones y fenómenos tal y como se dieron en sus propios contextos, para posteriormente analizarlos con la finalidad de emitir juicios de valor.

En este sentido, el estudio refiere a las características que presentan el programa educativo de tres instituciones que ofrecen la licenciatura en Turismo. Las categorías de análisis fueron: a) Personal académico adscrito al programa, b) Currículum, c) Métodos e instrumentos para evaluar el aprendizaje, d) Servicios institucionales de apoyo al aprendizaje de los estudiantes, e) Alumnos, f) Infraestructura y equipamiento de apoyo al desarrollo del programa, g) Líneas y actividades de investigación, h) Vinculación, i) normativa institucional que regule la operación del programa, j) gestión académico –administrativa, k) procesos de planeación y evaluación, l) gestión administrativa y financiamiento.

Asimismo los criterios tomados fueron: pertinencia, suficiencia, coherencia, aceptación, legalidad, eficacia, eficiencia y efectividad. Además, el tipo de investigación fue de tipo transversal, ya que los datos fueron recolectados en un solo momento en el tiempo y su principal propósito fue describir las variables con sus interrelaciones en un tiempo específico.

6.3. Población y muestra

La presente investigación consideró como población a los veinticinco programas de licenciatura en turismo de IES, mismas que se encuentran en el catálogo de carreras de licenciatura en universidades y tecnológicos de la ANUIES, y que son impartidas en el Distrito Federal. Por su parte, la muestra del presente estudio fue de tipo dirigida o no probabilística ya que el investigador seleccionó tres programas de licenciatura en turismo que son impartidos en tres instituciones de educación superior, los cuales fueron los siguientes:

   a) Programa de licenciados en turismo (LT) impartido por la Escuela Superior de Turismo dependiente del Instituto Politécnico Nacional (IPN);
   b) Programa de Licenciados en Administración Hotelera y Turística (LAHT) impartido por la Escuela Bancaria y Comercial (EBC) y,
   c) Programa de Licenciado en Administración de Empresas Turísticas (LAET) impartido por la Universidad del Valle de México (UVM).

Cabe señalar que esta clase de muestra, la elección de los elementos, no dependen de la probabilidad sino de causas propias al investigador (Hernández, Fernández y Baptista, 2010).

6.4. Diseño de la investigación

El diseño correspondió a la estrategia establecida por el investigador para dar respuesta tanto al objetivo general como a las preguntas del estudio. En la figura 22, se observa el diagrama sagital.

Figura 22.
Diagrama Sagital de la Investigación

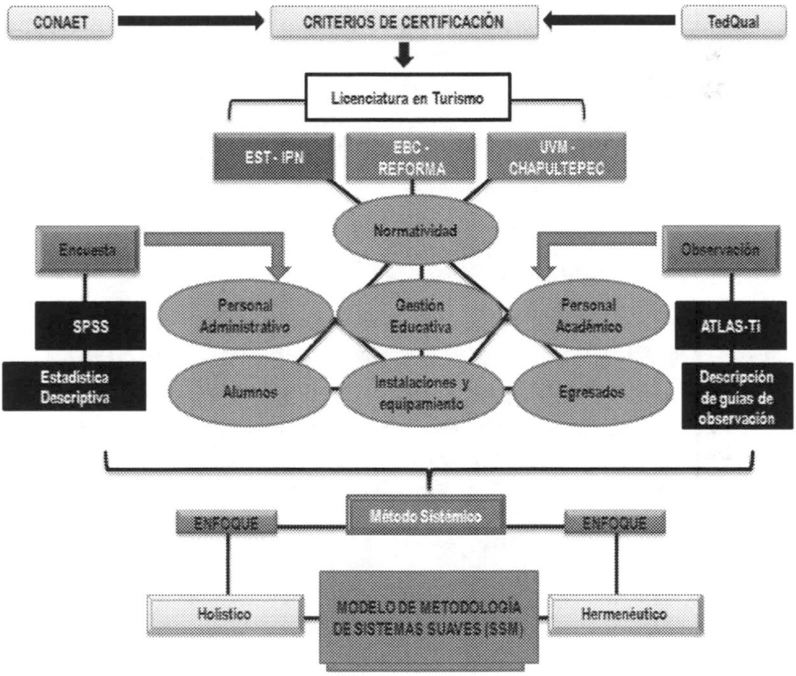

Fuente: Elaboración propia

6.5. Diseño del instrumento

Para la presente investigación se utilizó como instrumento para recopilar la información un cuestionario, el cual estuvo estructurado de la siguiente manera:

- Infraestructura: Es el soporte estratégico que permite la operación y desarrollo adecuado del programa educativo, ya que está conformado por los recursos materiales, mobiliario (aulas, talleres, laboratorios, centro de cómputo y biblioteca).

- Estructura: Es el conjunto de actividades que encuentran normadas y mediante las cuales se forma a un alumno, en cuanto a su perfil de ingreso, permanencia y egreso, mismos que deben ser congruentes con el fin del programa, y las condiciones imperantes en el sector laboral. Es necesario actualizar de manera periódica los planes y programas de estudio, mediante estudios de seguimiento y evaluaciones continuas.
- Supraestructura: Se considera como el elemento más importante de un programa académico ya que incluye misión, visión, concepciones y modelos educativos, perfiles de personal académico y alumnos, así como los resultados.

6.6. Principales resultados

Los resultados obtenidos a partir de los cuestionarios aplicados a alumnos, administrativos y docentes se organizaron con base en la estadística descriptiva para obtener las frecuencias con la finalidad de conformar las tablas para el análisis correspondiente.

6.6.1. De los cuestionarios

Tabla 9.

Centros de cómputo, salas de docentes, audiovisuales, centros de información.

VARIABLE	UVM	CONAET	TedQual	EST	CONAET	TedQual	EBC	CONAET	TedQual
CENTROS DE CÓMPUTO									
Servicio de cómputo (alumnos)	Deficiente	DEF	DEF	Muy bueno	MB	MB	Regular	SUF	REG
Acceso a base de datos	1 a 10	SUF	DEF	Más de 21 aulas	MB	MB	1 a 10	SUF	REG
No. de centros de cómputo	De 3 a 4	EXC	BUE	De 3 a 4	EXC	MB	De 3 a 4	MB	MB
Sofwtare legal	50%	BUE	REG	0%	BUE	EXC	30%	MB	BUE
No. de computadoras/ centro	21 a 40	EXC	EXC	21 a 40	EXC	EXC	21 a 40	EXC	EXC
Mantenimiento preventivo y correctivo	Ocasional-mente	BUE	REG	Siempre	EXC	EXC	Siempre	EXC	EXC
SALAS DE DOCENTES									
Existen salas de esparcimiento y descanso	SÍ	EXC	EXC	SÍ	EXC	EXC	NO	DEF	DEF
Número de salas	Una	MB	BUE	Dos	EXC	MB	Dos	EXC	MB
Número de salas (administrativos)	Una	MB	BUE	Dos	EXC	EXC	Dos	EXC	EXC
Capacidad	De 1 a 20	BUE	EXC	Más de 40	MB	BUE	De 21 a 40	MB	EXC
AUDIOVISUALES									
Capacidad de salas	Más de 40	MB	MB	Más de 40	MB	BUE	Más de 40	MB	BUE
Número de salas	De 1 a 3	MB	BUE	De 4 a 6	MB	MB	Más de 7	EXC	EXC
Salas equipadas	Ninguna	DEF	DEF	De 1 a 3	MB	MB	Más de 7	EXC	EXC
Uso exclusivo	Ocasional-mente 60%	BUE	REG	Siempre	EXC	EXC	Ocasionalmente 60%	BUE	REG
Otros usos	Sí	DEF	DEF	No	EXC	EXC	Sí	DEF	DEF
¿Cuál?	Salón de clases	DEF	DEF	Ninguno	EXC	EXC	Talleres	DEF	DEF
CENTROS DE INFORMACIÓN									
Centro de información (Biblioteca)	Uno	EXC	MB	Uno	EXC	MB	Dos	EXC	EXC
Centro de información en turismo	Compartido	DEF	DEF	Uno	EXC	EXC	Compartido	DEF	BUE
El programa posee bibliografía	Sí	EXC	EXC	Sí	EXC	EXC	Sí	EXC	EXC
Acervo bibliográfico general	Entre 1000 y 2000	BUE	REG	Más de 10 000	EXC	EXC	Entre 2001 y 3000	BUE	BUE
Acervo hemerográfico actualizado	Anterior a 1972	DEF	DEF	De 1982 a 1990	BUE	BUE	De 1982 a 1990	BUE	BUE
Total libros de turismo	De 1 a 100	DEF	DEF	Más de 4000	MB	MB	De 201 a 300	SUF	DEF
Libros de 2003 a la fecha	De 1 a 100	DEF	DEF	Más de 5000	EXC	EXC	De 1 a 100	DEF	DEF

Fuente: Elaboración propia a partir de los resultados de los cuestionarios.

Con base en la tabla 9, la infraestructura tiene como principales debilidades un servicio deficiente para la UVM en cuanto al mantenimiento a las computadoras y la falta de software legal y regular para la EBC ya que no cuenta con salas de esparcimiento y descanso para docentes. En lo referente a salas de audiovisuales las tres instituciones cuentan con ellas sin embargo, en el caso de la UVM no se encuentran acondicionadas y equipadas con lo mínimo requerido por los organismos certificadores y el uso que se les da tanto en la UVM como en la EBC es diverso.

En tanto que los centros de información, éstos son compartidos por las demás carreras ofrecidas por la UVM y EBC, así como no se cuenta con un acervo adecuado en el área de turismo ni tampoco se encuentra actualizado. Por su parte la EST – IPN, no presenta deficiencias en cuanto al material con el que se cuenta, además de ser una biblioteca depositaria de la OMT, lo que permite ampliar de forma constante sus acervos y por ende la actualización de éstos.

En lo que respecta a los laboratorios de agencias de viajes y hotelería, se encontró que tanto la UVM como la EBC no cuentan con laboratorios de este tipo, lo que limita el aprendizaje de los jóvenes en cuanto a los procesos formativos; en tanto la EST si cuenta con dichos laboratorios. Sin embargo, la EBC es una institución privada que cuenta con un convenio con el Hotel City Express, el cual alberga a sus estudiantes en las instalaciones de éste para prácticas profesionales de los alumnos, para el caso de la EST y UVM presenta una deficiencia ya que no cuentan con este equipamiento.

Por consiguiente, la principal deficiencia que presentan dos de las instituciones estudiadas y de carácter privado es la falta de investigación en tópicos referentes a la carrera que se imparte y en el caso de la UVM presenta deficiencia en cuanto a las aulas con las que cuenta y que no se encuentran equipadas correspondientes al uso de éstas. Asimismo tanto la UVM como la EBC presentan deficiencias en cuanto a los materiales de apoyo.

Tabla 10.
Personal académico, asiduidad de docentes, tipo de contratación y escolaridad.

VARIABLE	UVM	CONAET	TedQual	EST	CONAET	TedQual	EBC	CONAET	TedQual
PERSONAL ACADÉMICO									
Género	Femenino 58%			Masculino 52%			Masculino 65%		
Total de docentes	Entre 1 y 10 profesores	DEF	DEF	Más de 41 docentes	MB	EXC	Entre 11 y 20 profesores	BUE	REG
ASIDUIDAD									
Porcentaje	De 51 a 75	BUE	BUE	De 51 a 75	BUE	BUE	De 51 a 75	BUE	BUE
TIPO DE CONTRATACIÓN									
Tiempo Completo	Ninguno	DEF	DEF	Entre 16 y 30	BUE	MB	Ninguno	DEF	DEF
ESCOLARIDAD									
Máximo nivel de estudio	Maestría 42%	SUF	DEF	Maestría 60%	MB	BUE	Maestría 75%	MB	MB
Licenciatura	Titulado con cédula 67%	SUF	REG	Titulado con cédula 100%	MB	MB	Titulado con cédula 60%	SUF	REG
Maestría	Con grado 33%	DEF	DEF	Con grado 71%	BUE	BUE	Candidato 40%	SUF	REG
La maestría en qué área es	Humanidades 60%	BUE	BUE	Económico-Administrativa 65%	BUE	EXC	Económico 50% Humanidades 50%	SUF	BUE
Especialidad	No 67%	BUE	REG	No 60%	BUE	REG	No 85%	DEF	DEF
Doctorado	No 92%	DEF	DEF	No 73%	DEF	DEF	No 90%	DEF	DEF
Doctorado en turismo	Ninguno 90%	DEF	DEF	Ninguno 75%	SUF	DEF	Ninguno 90%	DEF	DEF

Fuente: Elaboración propia a partir de los resultados de los cuestionarios

En lo que concierne al personal docente se aprecia que la UVM cuenta con personal femenino en su mayoría, en tanto que la EST y la EBC cuentan con mayoría de profesores del sexo masculino. La asiduidad a clases por parte del personal académico va del 51 al 75% correspondientemente en las tres instituciones.

Asimismo, tanto la UVM como la EBC no cuentan con profesores de tiempo completo, en tanto que la EST posee un 60%. En lo referente al nivel académico del personal académico, se aprecia que tanto la UVM como la EBC, el nivel máximo de estudios es de licenciatura y en algunos casos con especialidades, en tanto que la EST muestra estudios que van desde licenciatura y doctorado.

De la misma manera, se presenta que la EBC tiene los más bajos requerimientos en cuanto a antigüedad de docentes, en tanto que la UVM presenta debilidades en el ámbito de horas dentro del programa, mientras que la EST, tiene una debilidad en cuanto a los años de servicio en el programa de turismo.

En el rubro de las horas dedicadas a la docencia tanto la UVM como la EBC presentan un déficit en el tiempo dedicado a la actividad docente y en lo referente a la pertenencia en organismos de investigación, ya que al no contar con líneas de investigación tampoco se encuentran dentro de este tipo de organizaciones. Mientras que para el caso de la EST, existen profesores que cuentan con investigaciones pero no pertenecen al SNI y al AMIT.

Como consecuencia de una carencia de líneas de investigación, la UVM y EBC, no cuentan con productos académicos, asistencia a congresos como asistentes y menos aún como ponentes, por lo que también conlleva a no dedicarse a la investigación limitando su acción docente y tan solo quedándose con conocimientos empíricos. Por su parte la EST presenta una deficiencia en cuanto a publicación de resultados en revistas nacionales o internacionales que les permita divulgar los resultados de dichas investigaciones.

En lo concerniente a la Supraestructura de las instituciones, se tiene que las tres presentan deficiencias en cuanto al conocimiento de la misión y visión. En cuanto al modelo educativo la UVM presenta mayores carencias a nivel de administrativos y docentes y en menos medida la EBC. Las similitudes en cuanto al conocimiento del modelo educativo y procesos de evaluación es deficiente en ambas instituciones privadas.

6.7. Situación de los tres programas educativos respecto a CONAET y TedQual

Posterior al análisis de resultados arrojados por las encuestas aplicadas a alumnos, docentes y administrativos de los tres programas educativos, se elaboró la gráfica de cada institución en los tres rubros bajo los cuales se realizó la evaluación y que fueron la infraestructura, estructura y supraestructura, permitiendo obtener el promedio general en cada uno de los factores analizados dándose de la forma siguiente: se sumaron los resultados obtenidos en cada factor tomando como base los valores proporcionados por los organismos, se hizo la sumatoria de éstos y se dividió entre el número de criterios evaluados, lo que permitió obtener los puntos porcentuales, mismo que sirvieron para el diagrama correspondiente.

De esta manera, los principales resultados obtenidos de la evaluación de estos tres programas educativos son los siguientes:

Figura 23.
Resultados de la Infraestructura de los tres programas
respecto a criterios CONAET y TedQual

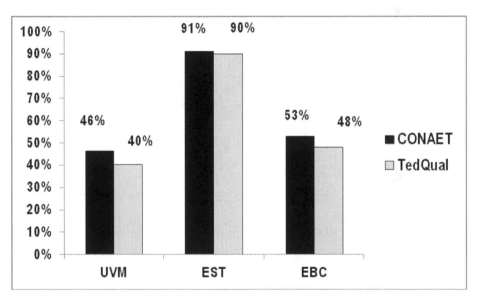

Fuente: Elaboración propia a partir de instrumentos de medición

Como se puede apreciar en la figura 23, con base en el promedio de los criterios de CONAET y TedQual para el ámbito infraestructura se obtuvo que la UVM respecto al organismo nacional obtuvo 46 puntos porcentuales y en lo referente al organismo internacional fue de 40 puntos porcentuales, lo que refleja un bajo nivel de rubros para acceder a la certificación. En tanto que la EST se encuentra en 91 puntos porcentuales en el nivel nacional y en el internacional obtuvo 90 puntos porcentuales, indicando con ello que se encuentra dentro de los parámetros de certificación y, por su parte la EBC ante CONAET obtuvo 52 puntos porcentuales y ante la TedQual es de 48 puntos porcentuales, lo que representa un bajo nivel de acreditación en los criterios evaluados.

Figura 24.
Resultados de la Estructura de los tres programas
respecto a criterios CONAET y TedQual

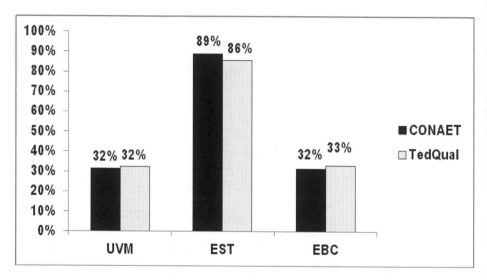

Fuente: Elaboración propia a partir de instrumentos de medición

En lo que concierne al tópico de estructura institucional (figura 24), se observa que en lo particular la UVM presenta 32 puntos porcentuales tanto para CONAET como para TedQual, lo que significa que en este rubro se encuentra deficiente respecto a los criterios establecidos por los organismos certificadores.

En el caso de la EST, presentó 89 y 86 puntos porcentuales en promedio en cuanto a la estructura institucional que posee, lo que representa que se debe continuar trabajando en éste para fortalecer el criterio y, en lo que atañe a la EBC presentó promedio de 32 y 33 puntos porcentuales de los 80 que se requieren para acceder a la certificación, lo que implica que se debe poner mayor énfasis en tal aspecto estructural.

En gráficos posteriores se enlistan los criterios evaluados y los niveles en los que se debe de trabajar por cada una de las universidades, lo que permitirá a éstas trabajar de forma continua, tanto en procesos, estructura y actitudes de personal al interior de éstas.

Es necesario poner mayor énfasis en aquellas debilidades que presentan las instituciones. Si bien el acceder a una certificación implica el trabajo en equipo y por el bienestar de la organización, de aquellos que en ella laboral y a quienes ofrecen sus servicios

Figura 25.
Resultados de la Supraestructura de los tres programas
respecto a criterios CONAET y TedQual

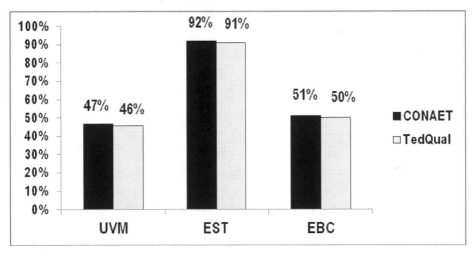

Fuente: *Elaboración propia a partir de instrumentos de medición*

En lo que compete a la supraestructura, y posterior al análisis y evaluación de los criterios señalados por los organismos certificadores, se observa en la figura 25, que los máximos puntajes logrados por la UVM fueron de 47 y 46 puntos porcentuales respectivamente el primero respecto al organismo nacional y el segundo al internacional. Por su parte la EST presentó 92 y 91 puntos porcentuales respectivamente y por último el caso de la EBC 51 y 50 puntos porcentuales. Los cuales para acceder a la certificación se requiere de un mínimo de 80 del 100 por ciento en los criterios evaluados.

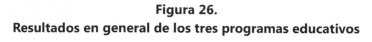

Figura 26.
Resultados en general de los tres programas educativos

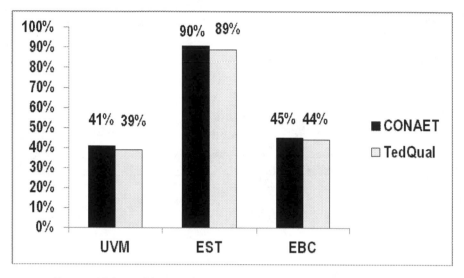

Fuente: Elaboración propia a partir de instrumentos de medición

Por lo que en la figura 26, se observan los puntajes porcentuales obtenidos por las tres instituciones, en los criterios evaluados, por lo que la UVM con base en los 41 puntos porcentuales obtenidos se determina que su situación es deficiente. En tanto que por parte del organismo internacional obtuvo 39 por ciento, lo que representa una situación regular, dicha información permite concluir que la situación de esta institución educativa respecto a ambos organismos es deficiente.

En lo que concierne a la EST, obtuvo 91 puntos porcentuales en los tres criterios, lo que representa que su situación respecto a CONAET es de excelente, en tanto que en el ámbito de certificación internacional obtuvo 89 por ciento en general por lo que en su contexto refiere una evaluación cualitativa de excelente. Lo que permite concluir que esta institución deberá continuar trabajando en los criterios y fortalecer día a día éstos, para mantener la certificación otorgada por ambos organismos.

Por último, en el caso de la EBC, se obtuvieron en el ámbito nacional 45 puntos porcentuales lo que significa que la institución con base en los criterios de CONAET se encuentra en una realidad de deficiente, en tanto que en el campo internacional del organismo de TedQual obtuvo en los tres criterios 44 puntos porcentuales lo que representa una situación regular. Por lo que se concluye que deberán poner mayor énfasis en el mejor desempeño de los criterios evaluados.

6.8. Cambios deseados y factibles

Es evidente que toda organización educativa deberá trabajar por y para el beneficio de aquellos que de forma voluntaria deciden incursionar en áreas de conocimiento profesional, caso específico la licenciatura en turismo y cualquiera de las modalidades que de ella emergen. Si bien la realidad de la institución educativa es un problema que se le debe dar solución de manera inmediata hasta este momento es un término que forma parte de la retórica de las autoridades institucionales.

Sin embargo, el llegar a dicha solución requiere de trabajo en equipo, tanto de la sociedad, el sector productivo, los cuerpos académicos, los organismos dedicados a la investigación y de las autoridades locales, regionales y nacionales, mismas que deberán aportar una diversidad de acciones para el mejoramiento de la calidad educativa. Es conveniente no olvidar que toda institución parte de un sistema inmerso en múltiples sistemas cuyo principal fin es trabajar colectivamente para lograr la función educativa, proporcionando una formación basada en aspectos humanistas, científicos y tecnológicos, lo que redundará en profesionales mejor preparados para un mundo que cada vez es más exigente y del cual se pueden obtener grandes beneficios tanto para la institución como para los futuros profesionistas.

Es por ello que se plantean cambios en cuanto a estructura, procedimientos y de actitudes, tres factores que toman relevancia en el objeto evaluado con base en la metodología de sistemas suaves (SSM) dichos cambios tiene una referencia específica como se menciona a continuación:

- Cambios estructurales: Se entiende por estos aquellos cambios que se efectúan en aquellas partes de la realidad que a corto plazo no cambian, su proceso de adoptar nuevos comportamientos es lento, es por este motivo que los efectos de los cambios a efectuarse se producen lentamente, las variables que interactúan en este contexto tienen una dinámica muy lenta, lo cual hace también que los resultados sean lentos. Estos cambios pueden darse en realidades como en la organización de grupos, estructuras de reporte o estructura de responsabilidad funcional.

- Cambios de procedimiento: Estos cambios se efectúan en elementos o realidades dinámicas, por lo tanto están continuamente fluyendo en la realidad modificándose para mejorar o empeorar la situación. Estos cambios afectan a los procesos de informar y reportar verbalmente o sobre papel, en los cambios tecnológicos cuyos resultados son visibles por su capacidad de procesamiento de datos, en las actividades emergentes de los elementos interactuantes de las estructuras estáticas.

- Cambios de actitudes: En el caso de los cambios de actitud las cosas son más cruciales que son intangibles y su realización depende de la conciencia individual y colectiva de los seres humanos. Los cambios influyen cambios en influencia y en cambios en las esperanzas que la gente tiene acerca del comportamiento adecuado o distintos roles, así como cambios en la disposición para calificar ciertos tipos de comportamiento como "bueno" o "malo" en relación con otros, sucesos de hechos inmersos en los sistemas apreciativos. Los cambios de actitud pueden darse como resultado de las experiencias vividas por grupos humanos como por cambios deliberados que se hagan a estructuras y procedimientos.

6.9. Propuesta

La siguiente propuesta de indicadores se enfoca a evaluar a un programa educativo fundamentado en la metodología de los SSM (figura 27). Con base en dicha figura, se tienen tanto la entrada, procesos y salida del programa, en donde se puede observar los principales elementos que permiten valorarlo. De este modo, como insumos se tienen al personal académico, estudiantes, planes de estudio así como los objetivos y metas de programa; en tanto como procesos se encuentran las actividades de enseñanza y aprendizaje, el desarrollo de proyectos de investigación educativos, así como la adquisición, uso, operación y mantenimiento de la infraestructura; en tanto, como resultados se puede mencionar el aprendizaje alcanzado por los alumnos, la imagen del posgrado ante la sociedad, el número de graduados y la obra publicada por el personal docente.

Y por último, el sector de servicios, es necesario el diseño e implementación de convenios con los programas evaluados para informar de las necesidades e innovaciones que requieren en cuanto a formación de profesionales en educación, así como conservar esa relación, por lo que es preciso considerar las condiciones del entorno en el que se contextualizan dichos posgrados, considerando el entorno académico, laboral, económico, tecnológico, social y organizaciones certificadoras en el que se desenvuelven. De este modo, en todo momento el desarrollo del programa educativo, depende de forma directa de los sistemas que se desenvuelven al exterior de este y de los subsistemas al interior del mismo.

Figura 27

Entrada, Procesos y Salida para un programa educativo en turismo con base en la SSM

Contexto Sociocultural y Económico de un programa educativo

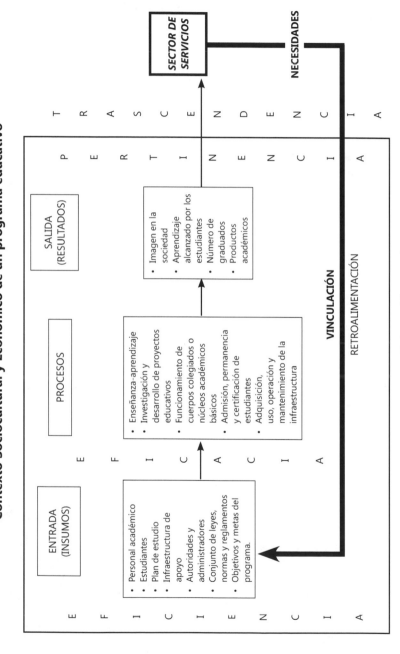

Fuente: Elaboración propia

REFERENCIAS

Águila, V. (2005). *El concepto de calidad en la educación universitaria. Clave para el logro de la competitividad institucional.* En www.monografias.com/trabajos13/ponenc/ponenc.shtml, 25 de mayo de 2006, 1 – 7 pp.

Alarcón, N. (2002). *Calidad y productividad en la Docencia de la Educación Superior.* En www.monografias.com/trabajos10/ponenc/ponenc.shtml, 25 de mayo de 2006, 1 - 15 pp.

Álvarez, J. (2005). *Evaluar para conocer, examinar para excluir.* Madrid: Morata

Arredondo, V. (2002). Evaluación y acreditación de los programas de posgrado. México: *Revista OMNIA,* 18 (4), 17-32 pp.

Barranco de Areba, J. (2002). *Metodología del análisis estructurado de sistemas.* España: Universidad Pontificia de Comillas de Madrid.

Bertalanffy, L. V. (1992). *General Systems Theory.* New York: Braziller.

Cabrera, F. (1999). *Evaluación de la formación.* España: Síntesis.

Cantú, D. (2001). *Desarrollo de una cultura de calidad.* México: Mc Graw Hill.

Cardoso, E. (2006). *Evaluación de la organización académico-administrativa de tres programas de posgrado en educación con relación a los parámetros del CONACyT.* México: Tesis doctoral publicada en la Escuela Superior de Comercio y Administración (ESCA), Unidad Santo Tomás, del Instituto Politécnico Nacional (IPN) en el Distrito Federal.

Cardoso, E., Ramos, J. y Tejeida, R. (2009). La evaluación de los programas educativos desde la perspectiva de los sistemas suaves: Propuesta metodológica. *Revista Universidad EAFIT,* 45 (155), pp. 30 - 44

Casanova, María (2002). *Manual de Evaluación Educativa.* Madrid: La Muralla.

Castillo, S. y Cabrerizo, D. (2003). *Prácticas de evaluación educativa*. Madrid: Pearson Educación.

CONACyT (2012). *Programa Nacional de Posgrados de Calidad. Programas vigentes 2012*. En http://www.conacyt.gob.mx/Becas/Calidad/Documents/Listado_PNPC_2012.pdf, 8 de agosto de 2012.

CONACyT (2012). *Investigadores vigentes 2012*. En http://www.conacyt.gob.mx/SNI/Documents/SNI-investigadores-vigentes-2012.pdf, 15 de junio de 2013.

Checkland, P. E. (2002). *La metodología de sistemas suaves en acción*. México: Noriega Editores.

Checkland, P. (1997). *Pensamiento de sistemas, práctica de sistemas*. México: Editorial Megabyte.

Couprie, D., Goodbrand, A., Li B. y Zhu D. (2012). Metodología de sistemas suaves. Calgary: Universidad de Calgary. En http://www.ingenieria.unam.mx/javica1/planeacion/CalgarySSM/Calgary.html

De Miguel, S. y De la Herrán, A. (2013). Innovación en los procesos de evaluación en el Espacio Europeo de Educación Superior. *Revista Iberoamericana de Educación*, 62(2), 1 – 15 pp. En http://www.rieoei.org/deloslectores/5933Herran.pdf

Gago, A. (2005). *Apuntes acerca de la Evaluación Educativa*. En www.sep.gob.mx/wb2/sep/sep_5_Apuntes_Acerca_de_la_Evaluacion_Educativa.

García, F. (1997). *Organización escolar y gestión de centros educativos*. España: Ediciones Aljibe.

Hernández, R., Fernández, C. y Baptista, P. (2010). *Metodología de la investigación*. México: Mc Graw Hill.

Herrscher, E. (2005). *Planteamiento Sistémico*. Barcelona: Ediciones Garnica.

Huaxia, Z. (2010). Soft systems methodology and 'soft' philosophy of science. *Systems Research and Behavioral Science*, 27(2), 156-170 pp.

Jianmei, Y. (2010). An approach applying SSM to problem situations of interests conflicts: Interests-coordination SSM. *Systems Research and Behavioral Science*, 27(2), 171-189 pp.

Kast, F. y Rosenzweig, J. (2002). *Administración en las organizaciones*. México: Mc Graw Hill.

Kent, R. (2002). *Los temas críticos de la educación superior en América Latina*. México: FCE.

López, V. (coord.). (2009). *Evaluación formativa y compartida en educación superior. Propuestas, técnicas, instrumentos y experiencias*. Madrid: Narcea.

Martínez, A. (2006). *Ideas para el cambio y el aprendizaje en la organización: Una perspectiva sistémica*. Bogotá: ECOE Ediciones

Mateo, J, et. al. (2000). *La evaluación educativa, su práctica y otras metáforas*. España: Horsori

Monedero, J.J. (1998). *Bases teóricas de la evaluación educativa*. España: Síntesis Educación.

Pérez, R. (2000): La evaluación de programas educativos: conceptos básicos, planteamientos generales y problemática. *Revista de Investigación Educativa*,18(2), pp. 261-287

Pérez, R. (2006). *Evaluación de programas educativos*. Madrid: La Muralla.

Postik, M. y De Ketele, J. M. (1992). *Observar las situaciones educativas*. Madrid: Narcea. Madrid.

Rodríguez, R. (2008). La sistémica, los sistemas blandos y los sistemas de información. Lima: Universidad Pacífico. En http://es.scribd.com/doc/35966619/Metodologia-de-Sistemas-Blandos-r-r-Ulloa.

Schugurensky, D. (2002). *La reestructuración de la Educación Superior en la era de la globalización*. México: Siglo XXI Editores.

Stufflebeam, D. y Shinkfield, A. (1996). *Evaluación sistemática*. España: Paidós.

Vega, A. (2005). *Calidad de la Educación Universitaria y los Retos del Siglo XXI*. En www.monografias.com/trabajos/caleduretos/caleduretos.shtml, 25 de mayo de 2006.

Villaseñor, G. (2001). *Planeación, evaluación y acreditación 1978-1998: una de las trayectorias de la educación superior en México*, en Ornelas, Carlos (compilador). Investigación y Política educativas: Ensayos en honor de Pablo Latapí. México: Santillana, Aula XXI, 309 – 336 pp.

Weeks, P. (2012). Descripción de la metodología de sistemas blandos de Checkland. En http://www.12manage.com/methods_checkland_soft_systems_methodology_es.html

Zexian, Y. y Xuhui, Y. (2010). A revolution in the field of systems thinking - a review of Checkland's system thinking. *Systems Research and Behavioral Science*, 27 (2), 140-155 pp.